反理知時代のマインド・コントロール

佐々木健悦 著

社会評論社

目次

第3講 政治言語のレトリックとロジック

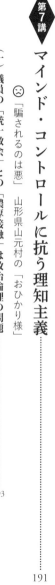

前口上

●時代はマインド・コントロール

ひとはマインド・コントロールされ、価値意識が何らかの変容を強いられる。マインド・コントロールは社会生活のあらゆる場面で働いている。

会社では「社畜語」を完全マスターし、「社畜語」でマインド・コントロールし合って円満にコミュニケーションを図る（唐沢 明『社畜語辞典』二〇二三年参照）。中高年は「おっさんビジネス用語」を駆使して生き残る。

お抱え専門家もマスメディアも、国民大衆をマインド・コントロールして認識を歪め、世論と社会通念を作り出す。

国民は日常的にマインド・コントロールし合っている。友好的な人々も、善意のマインド・コントロールをし合って同調し合いながら、社交する。日本人は文末を同調表現で結びがちだ。

時代は今、反理知の時代。一般には、「反知性主義」の時代と呼ばれているが、私は現代を「反理知」の時代と規定する。知性が欠如しているばかりでなく理性を働かせることも怠っている輩《やから》が横行跋扈《ばっこ》している時代だからである。一般民衆は今、公権力によって反理知的にマインド・コントロールされている。

そんな「反理知」のメンタリティを「主義」と呼ぶのは余りに痴《おこ》がましい。「主義」とは「自らの生活を律する一貫した考え方と、それによって裏付けられた行動上の方針」(『新明解国語辞典』)。身の程知らずに反理知である自分を意識して過大評価し居直るは余りに図々しい。だから私は、現代を「反理知」の時代と呼ぶ。

●バイアス(bias)

人間には認知能力があるが、マインド・コントロールされ、その認識に倫理的な歪みが生じることがある。人種、民族、階級、社会階層、ジェンダー、セクシュアリティ、国籍などによってバイアスや社会通念ができる。ミリンダ・フリッカーは、これを「認識的不正義(epistemic injustice)」と呼んだ(『認識的不正義』二〇〇七年)。

森喜朗・東京五輪組織委員長は二〇二一年二月四日、「女性がたくさん入っている理事会は時間がかかる」と女性蔑視発言をし、三月二六日にはベテラン女性秘書を、「女性というにはあまりにお歳」と評した。森氏は「女性はお喋り」「女性秘書は若い」という認知バイアスが働き、そう認識しているから、こういう発言になったのだ。

そんなジェンダーバイアスに捉《とら》われた森氏を、「政治の師」と崇《あが》める女性閣僚も居た。私は二人の政治家としての理知と資質を疑う。

元首相の森氏は、特権階級、権力階層に属する日本人男性に共通の社会通念にマインド・コントロールされ、「認識的不正義」に陥ったのである。

東京五輪の不祥事が次々と発覚した。しかし、森氏は知らんぷり。政府も都もＩＯＣも他人事。フェアプレーの選手団も声を上げない。ＩＯＣに抗《あらが》えば、代表選手に選ばれない。それなのに東京五輪組織委員会会長を務めた橋本聖子参院議員ら発起人になって、森氏の胸像制作の募金運動を始めた。

彼らは理知水準が相当低い。彼らの言動は反理知時代の証左になり、社会言語学の研究対象になる。

●反理知の時代の言語と思考

前著『政治言語の研究』は、「お上」に弱い体制順応主義の日本人の心性（mentality）と日本語の心態（modality）を論じた。心性の歪みは認知にバイアスをかけ、理知と思考を歪める。

「人間は理屈によって納得するが、感情によって動く」（ニクソン米国元大統領）。しかし、政治指導者は理知によって判断し行動しなくてはならない（第7講）。

私は「コミュニストより赤く、アナーキストより黒い」と自認するが、「極左」ではない。物事を根本的《ラディカル》に考える質《たち》で、「是是非非」のスタンスに立っている。「非を是とするは愚」（『荀子』）であるからである。

古代ギリシャ人は「偉大な合理性」を備えていた。「ギリシャ人は、物事を議論しつつ理解することを大切にし、双方に耳を傾けることによって、一般には、大多数に導かれることで満足した」（J．P．マハフィー『古代ギリシャ人の生活文化（一八九六年）』邦訳7頁）。

古代アテネの政治指導者ペリクレスは32歳で「ストラテゴス」に初選出され連続当選、民主政が最も良く機能した33年間を築いた。彼の「武器は言語」であり、彼の演説には説得力《エロクエンティア》があった。大抵の市民集会《エレクシア》には市民総数の10％しか参加しなかったが、識字率の高い彼らは高度の理知力と政治感覚を備えていた。ペリクレスは「陶片追放」に遭うことなく退場した（塩野七生『ギリシャ人の物語Ⅱ』二〇一七年32頁）。理知が民主政を成熟させたのである。

本著は『政治言語の研究』の続編。「マインド・コントロール」を、時代を読むキー・ワードとして政治言語を再論し、「政治言語」でマインド・コントロールし合うメンタリティを論じる。

私は権力者でも権威者でも多数派でもないから、私のマインド・コントロール力や同調圧力度は至って小さく弱い。本著は敢《あ》えて言えば、読者を理知的に説得することを意図している。

第1講

マインド・コントロールの諸相と深度

解題

外圧やマインド・コントロールがあろうと無かろうと、人間は変われるのか変えられるのか。どこまでどのように変わり変えられるのか。

（一）価値意識変容の度合い

●『価値意識の理論』（一九九六年）は見田宗介が一九六一年に提出した修士学位論文で、「価値意識の問題をめぐる既存のあらゆる研究分野の成果の批判的な総括」である。見田氏がその後、近代日本の民衆意識の動態分析に取り組む基礎となった。

価値や価値意識を考える時の理論的な枠組みを提供してくれる。私は、「人格誘導《マインドコントロール》」という視点から読み直してみた。

・「欺」は仮面を着けて「あざむく」のが原意。「偽」は似せて作って「いつわる」ことである（白川静『当用字解』二〇〇三年）。「瞞」は目くらまして「だます」こと。「騙」は「かたりだます」こと。今年の漢字は「欺」か「騙」、今年のカタカナ語は「マインド・コントロール」。社会生活は騙し騙されて廻っているとも言える。

マインド・コントロールするにしてもされるにしても、価値意識が変容することである。

●騙すのは高等動物にだけ見られる行動である。ヒトは社会的知能を発達させ、相手に気づかれずに騙すことができるようになった。騙す側は相手に気づかれずにマインド・コントロールする（岡田尊《たか》司《し》『マインド・コントロール』二〇一二年48頁）。

●マインド・コントロールされることは「同調圧力」がかかることである。日本人は社会集団内の「空気」を読み、あるいは「忖度」して同調行動を採る。

どんな社会の人間も社会での孤立を避けようと衆意に同調したがる傾向がある。キャス・サンスティーン『同調圧力（Conformity The Power of Social Influence（２０１９年）』は、同調がどのように生じるかを整理した。

・「自分が正しいという自信がある時には、衆意に耳を貸さない」「自分に自信がない人は衆意に極度に影響を受けやすくなる」。

・ある意見に賛同する人が増えていくと、異論を唱える人はどんどん減り、多数派が勢いづく。

・自分たちが信用していない、あるいは嫌っている集団から影響を受ける可能性は極めて低い。

・外部の異質な集団に対して、内部の人は集団としてますます「極性化」して過激になり、時にはカルト化する。

・「揺るがない自信のある者は際立った影響力をもち、そのままであれば変わらないであろう集団を一変させるような方向に導くことがある」（永井大輔／高山裕二訳二〇二三年）。

●マインド・コントロールに因る価値変容には表層の変容から人格が変容するほどの深層まで諸相あり、変容を迫る圧力の強度と変容の深度は様々である。

・「特別操縦見習士官」に志願した学徒兵たちは高度2千メートルまで浮上し、敵の軍艦と見立てた目標に向かって急降下する「死への訓練」を、毎日繰り返し、速成された搭乗員は電磁器を外され、敵艦に250キロ爆弾を命中させるため体当たりするしかなかった。

強制された死を受け入れる隊員たちは無駄死と思いたくなかったから、生真面目《きまじめ》な若者ほど京都学派のロジック「悠久の大義」に殉じて、日本浪漫派のまやかしのレトリックに溺れ、自発的に「散《さん》華《げ》」して逝ったのである（第2講の2で詳述）。彼らにかかる圧力の強度と変容の深度は極度に達した。

散る様の潔さは賛美されても、執拗さ（tenacity）を讃える日本語は少なく、「図太《ずぶと》い」がせいぜいで、「往生際《おうじょうぎわ》が悪い」と蔑《さげす》まれる。

✎「特攻死」の意味付け　特攻基地・知覧のダーク・ツーリズム

いつの時代も、権力側は「羊頭狗肉」のスローガンで国民をマインド・コントロールし、欺く。現代は、政官界、財業界、教育界に限らず、どこもかしこも、羊頭を掲げてく狗肉を売る時代で、観光業界も例外ではない。暗い歴史を辿《たど》るダーク・ツーリズムは平和運動の一環として登場した。

特攻隊の出撃基地だった知覧町［現在は南九州市］は一九六〇年代から過疎化が進み、「知覧茶」で知られた茶業も衰えを見せ始め、地域活性化のために七〇年代から、「世界恒久平和を願いながら」「後世に正しく伝え世界恒久の平和に寄与する」と称して「特攻」を観光資源にし、知覧は観光地化するようになった。

五五年には知覧飛行場跡に「特攻平和観音堂」を建立し、八六年には「知覧特攻平和会館」が完成した。

しかし、会館内の特攻遺書は「ユネスコ世界記憶遺産」登録を申請したが、国内審査で落選した。ユネスコ国内委員会は二〇一四年、国内候補に選ばなかった理由を、「日本からの視点のみが説明されており、より多様な視点からの世界的な重要性を説明することが望まれる」「一方の側からだけの見方ではなく、他の視点から見ても共感を呼ぶようなまとめ方、出し方が重要」であるとしている（二〇一四年六月一五日付『朝日』）。何やら、小池百合子都知事の関東大震災時の朝鮮人虐殺に対する抗弁に似ている。

これらの特攻事業について平和運動団体からは「戦争賛美し特攻を美化している」「特攻機搭乗員を愛国の殉死者と讃美している」との批判がある。

特に「特攻平和観音堂」建立には菅原道大《みちおお》第3航空軍司令官ら特攻作戦を推進した旧高級軍人らが特攻精神の顕彰を目的に寄付金を集め、知覧町も工費の一部を負担した。

これに対し、元陸軍報道班員で『陸軍特別攻撃隊』『特攻基地知覧』の著者の高木俊朗は「特攻遺品館は低俗、後進意識で運営されている」「特攻を観光化して不潔」「特攻美談、浪曲調の哀話では遺品館は軍国主義遺品館」などと激しく非難した。

これに対し、特攻隊員の世話をした「特攻おばさん」こと富屋食堂旅館の鳥濱トメ（トミ／富子）や知覧高女奉仕隊の元女生徒らは「戦争犠牲者慰霊のための観音堂がなぜ悪いか」と激しく反発した。特攻兵に対する同情と善意からの奉仕活動だったとしても、結局、軍部に協力し戦意を高揚してしまったのだという良心の呵責《かしゃく》を、戦後になってから一片も感じなかったのか。

特攻機の展示もあるが、機体は当時のものではない。特に学徒兵は「特別操縦見習士官」養成の速成訓練を受けた。厳しい制裁に遭い、じめじめした半地下式の「三角兵舎」で暮らし、虱《しらみ》に悩まされた。

特に理知と感性豊かな学徒兵たちは、特攻死を意味づけようとした。彼らは京都学派のロジックと日本浪漫派のレトリックでマインド・コントロールされ騙《だま》されたと言うより、その出鱈目《でたらめ》なロジックとレトリックで特攻死を無理やり意味付けて価値変容し、「悠久の大義」に殉じるしかなかったのである。彼らの遺影の「笑顔」は諦観の笑みであろう。

特攻出撃の前には酒食で大歓待され、司令官や参謀らの「訓示」の後《あと》、女学生ら地元民に見送られ、片道の燃料と250キロ爆弾を積み、手動では爆弾投下できない構造の特攻機で体当たりし、「散《さん》華《げ》」した。

撃沈した艦艇は36隻と言われるが、これはほとんど小型艦で、たまたま弾薬庫が爆発した場合である。空母に命中しても甲板を壊す程度がせいぜいだった。

特攻攻撃に因る戦死者は海軍2535人陸軍1844人、合わせて4000人余に上る。「後《あと》から逝く」と告げた司令官や参謀らの高級軍人のうち、特攻死したり自決した者は極めて稀。特攻はあくまでも「志願」であった、と彼らは死ぬまで言い張り、天寿を全うした。

対艦特攻の典型としての神風特別攻撃は最初から死を前提とした作戦である。当初は若干の戦果を挙げたが、米軍が「VT信管」を開発し、これを砲弾に装着した対空砲で特攻機は体当たりする前に撃墜された。「ＶＴ信管」は電波を出して敵機を捕捉し命中しなくても敵機の至近距離で破裂し、その破片で敵機を撃墜できた。日本の零戦は、機動力を発揮するために可能な限り軽量化され、機体の装甲は薄く、至る所に丸いパンチ（穴）があけられていた。だから、弾丸を受けるとひとたまりもなかった。一方、米軍機は搭乗員を守るためにコックピットの周辺を厚い鋼鉄で保護し、装甲を分厚く設計されていた。

海軍航空部隊で唯一《ゆいいつ》、特攻を拒否した部隊があった。それは、鹿児島県岩川村［現曽於《そお》市大隅町月野］に前線基地を置いた「芙蓉《ふよう》部隊」。司令は美濃部《みのべ》正《ただし》少佐。

美濃部少佐は昭和二〇年二月下旬、第３航空戦隊司令部の沖縄戦に関する研究会で、特攻拒否を宣言した。

「いまの若い搭乗員のなかに、死を恐れる者はおりません。ただ、一命を賭して国に殉ずるためには、それだけの目的と意義がいります。死にがいのある戦功をたてたいのは当然です。精神力一点ばかりの空念仏《から》では、心から勇んで発《た》つことはできません。」

「ここに居合わす方々は指揮官、幕僚であって、みずから突入する人がいません。必死尽忠と言葉は勇ましいことをおっしゃるが、敵の弾幕をどれだけくぐったというのです？」

「私のところでは、飛行時数２００時間の零戦操縦員でも、みな夜間洋上進撃が可能です。」

この時、美濃部は弱冠二九歳。並み居る海軍幹部は反論できなかった。宇垣纏《まとめ》海軍中将の認めるところとなった。

美濃部は搭乗員が夜間戦闘に慣れるように、夕方就寝、午前零時起床させ、夜戦戦法を考案し、

「芙蓉部隊」からは一人の特攻死も出さなかった。（古谷経衡《つねひら》『敗軍の名将　インパール・沖縄・特攻』二〇二一年）。

岩川飛行場は、滑走路と誘導路に偽装を施し、基地の存在を隠蔽したから、知覧基地のように米軍の空爆に遭わず、民間人も犠牲になることは無かった。

岩川飛行場跡地には「芙蓉之塔」が立ち、曽於市埋蔵文化財センターには芙蓉部隊の展示コーナーがある。

●価値変容には表層から深層まで諸相ある。マインド・コントロールに因る価値意識の変容を表わす用語を、変容を迫る圧力の強度や変容の深度、自発性で整理する。

「思想教育」という名のマインド・コントロールもある。中国の戦犯収容所に収監されていた日本人や朝鮮戦争中の捕虜に対して中国共産党が行なったマインド・コントロール、シベリアの収容所で日本人捕虜に対してソ連が行なったマインド・コントロールなどは暴力的な同調圧力を伴う「思想改造」あるいは「洗脳」である。brain washing は中国共産党の言う「洗脳」あるいは「変脳」の英訳である。

洗脳や思想改造、説得や説伏《せっぷく》あるいは折伏《しゃくぶく》、回心や改心には、啓蒙、教化、教育などより暴力的な精神的圧力の強いマインド・コントロールが働く。説得は相手に特定の態度を採らせ、ある行動を行わせることを目的にしている。

・相手に気づかれずに騙すのがマインド・コントロールだとすれば、露骨な「洗脳」もせずに権力者や権威者が、相手の意思など無視し、一方的な「命令」によって「価値変容」させるのが「服従」(obedience to authority）である。

相手に対して「管理権」を持つ上司は単に「要請」するだけで「服従」させることができる。「命令」に従うことが義務だと思っている普通の市民は彼らに「命令」されると、殺人も暴力も改竄も、思考停止して気軽に実行してしまう。つまり、お人好しの大人《おとな》しい市民は状況次第でいとも簡単に、ヒトラーの「命令」を忠実に実行するアドルフ・アイヒマン親衛隊長に変貌するのである（S・ミルグラム『服従の心理』１９７４年、邦訳一九八五年)。「上意下達」の官公庁では官僚や公務員は「服従」を「義務」と心得、自発的行為と化す。

・信徒をマインド・コントロールしてビジネス活動をしない宗教集団は、ありえない。旧約聖書は信者にその収入の10分の1を神に捧げる、つまり献金するよう求めている。日本の葬式仏教は高位の戒名授与に当たって高額の「お布施」を求める。献金や寄付、「お布施」は純粋な宗教行為なのか。「不当寄付勧誘防止法」は「寄付の勧誘」を明確に定義していない。

「統一教会」は疑似宗教集団で、悪徳ビジネス集団。家庭の平和を打《ぶ》ち壊した「世界平和統一家庭連合」は名称変更しても実態は変わらないので、私は「旧統一教会」と呼ばずに単に「統一教会」と呼ぶ。

「不当寄付勧誘防止法」を制定しただけでは問題解決にはならない。宗教集団のマインド・コントロールつまり「洗脳」の実態を明らかにすることこそ肝要である。

・マインド・コントロールされる側に自発性があれば自己啓発あるいは自己変革となる。救いや心の支えを必要としている人はマインド・コントロールにかかり易い。哲学徒の「求道」、戦中の学徒出陣や特攻にはマインド・コントロールが不可欠だった。

精神医学上の精神療法や作業療法も一種のマインド・コントロールであるが、本論では詳しく触れない。

価値意識の変容と言っても、価値意識の「表面的な」部分から「中核的な」部分の変容までである。「面従腹背」は表面的な態度変容で同調度が低いが、思想改造となると、変容の深度は高い。自己変革や改心には苦痛を伴う長期の自己批判が必要だが、虚偽やすり替えも意識的無意識に入り込む。現在の態度を堅持することへの不安や恐怖、絶望感は孤立感を深め、自己評価を低める。

・戦後、民主化に向けて大衆の意識改革を図った知識人の多くは比較的楽観主義者であったが、清水幾太郎だけはリベラル・デモクラシーと人間改造の可能性に最後までペシミティックであった。「日本の軍隊教育が人間の形成に収めた成果は、何人も承認せねばならぬものである」(「今日の教育」一九四六年七月)。「日本においては大学教育は遂に軍隊教育に敗れた」(「大学論」一九四六年八月)。

日本国民はその価値意識変容の深度に差はあれ、内務班の暴力を伴うマインド・コントロールによって皇軍兵士になり、学校の皇国教育のマインド・コントロールによって皇民になり、暴動も叛乱も反政府運動もついに起こらなかったのである。日本人の「国民的熱狂」は反政府運動や革命に転じるすることはない。

●ウクライナに侵攻したロシアのプーチン政権は「愛国教育」を進めている。ロシア教育省は二二年の新学期から、「大切なことを話そう」という新しい授業を始め、ウクライナ侵攻を正当化し、祖国のために武器を執る課外授業を教師たちに求めている。二三年の九月一日にはプーチン大統領自身が成績優秀な生徒30人を集めて公開授業を開き、愛国心を鼓舞した。

一方、二二年九月現在、ロシアの38の都市で動員反対運動が起こっている。プーチン政権が「愛国教育」によるマインド・コントロールを通じてロシア国民を愛国者に仕立てることができるかは疑問である。

（二）シベリア抑留中の民主化運動

ソ連当局は日本人俘虜を何よりも労働力として僻地の開発に使役したので、思想改造は付随的なものだった。

シベリア抑留中の民主化運動に因る思想改造は一時的で表面的な価値意識の変容であった。彼らは帰国後、祖国の民主化にどれほど貢献したのだろうか。大抵は帰国《ダモイ》したさに活動分子《アクチブ》を装い、面従腹背していたにすぎない。

アクチブらよってリンチや吊し上げ、虐めや嫌がらせ、裏切りや密告が日常的に行われたが、思想改造のマインド・コントロールはどのようなプロセスを踏んだのだろうか。辺見じゅんは三段階に分ける（『収容所から来た遺書』一九八九年）。

・第一期　懐柔時代（入ソ当初）。当初、ソ連側は日本人俘虜たちをソ連国土復興のための経済建設の労働力として使役することを最優先していたので、日本軍の旧組織を温存させたまま作業大隊に転用し活用した。しかし、将校と下級兵士との待遇格差が兵たちの不満と怒りを掻き立てた。

・第二期　アクチブ増産時代（入ソ一年以降）。そうした特に高学歴のインテリ下級兵士たちの不満を背景に「反軍」闘争や「反帝国主義」闘争が始まった。当初は社会主義的思想を持ったインテリたちに学習会や「日本新聞」輪読会を開かせたが、次第に彼らに代わって農民・労働者出身の若いアクチビの養成を図り、地区や地方の政治学校に送り込んだ。3カ月ほどマインド・コントロールを受けて戻って来ると、彼らは筋金入りのアクチブになっていた。

そして一方で一九四七年初冬から「前職者」狩りが始まった。「前職者」とは対ソ軍事諜報の任務に携わった者たちを指していた。『収容所から来た遺書』の主人公の山本幡夫もその一人だった。山本は「満鉄調査部北方調査室」でソ連研究をし応召後半年間ほど「ハルビン特務機関」に所属していたからである。

・第三期　教育機関（四七年頃から）。民主化運動は「反軍」闘争から「反動」闘争に移行する。「反動」とは「反ソ分子」と「反民主主義者」を指す。「反動」とされたのはほとんどが「前職者」で、戦犯収容所に送られた。

「シベリアでの民主運動は兵士の流した涙だ」（全国抑留者補償協議会「全抑協」の創立者で会長の斎藤六郎）。

✍高杉一郎のシベリア抑留体験と価値意識変容

高杉一郎『極光《きょっこう》の影に　シベリア俘虜記』（一九五〇年）で、シベリア抑留者の価値変容を体験してみたい。

本名・小川五郎の高杉一郎はシベリア抑留中に民主運動とスターリン体制を体験する。英独仏語に通じているが、ロシア語にはまだ覚束なかった高杉だが、たびたび通訳者の仕事をさせられる。マルクス主義文献に通じロシア文学にも造詣が深かった高杉は、ソヴィエトの実像を観察することになる。

懲罰大隊では政治部員カリャーモフに苛められるが、彼が日本人俘虜たちの合唱する「私のモスクワ」を聴いて涙を流した。高杉はソヴィエト的人間のホンネに気づいて憎めなくなる。

一方で高杉は善良なロシア人たちとも交流する。ブラーツク収容所では事務室でミハイリュコフ上級中尉の助手の書記として働き、彼やジョーミン収容所長のお蔭で転属を免れ、婦人事務員のマルーシャと交情もあった。

ドイツ軍の下で俘虜生活の経験のあるミハイリュコフは「俘虜生活は大きな学校だよ。そこでは、誰がほんとうに君の心からの友達であり、誰が見せかけの友達であるかを君は知るだろう」と語った。

軍医は総じて真面目《まとも》だった。作業隊の中に手袋や靴の破れを見つけると、営内作業に残そうとして、作業担当の将校と対立する女医。身体検査の際に念入りに診察し、「休息しなければならない」と診断して、「病弱班」に入れ、営外作業を免除した。

ある日、1名の欠員があった。糧秣倉庫長の少佐が地下暖房係の兵士を、3日間を地下倉に閉じ込めていたからだ。軍医少佐はこの少佐を日本人俘虜たちの前で激しくなじり、収容所長は「今後、君のところには兵士を派遣しない」と宣言した。

高杉らが懲罰大隊に移送される時の話しだが、護送担当の中尉と軍曹が「内務大臣は夜間における１００㎞以上の護送を禁止している」と言って、受け取りを拒否した。

高杉は懲罰大隊の仲間に語る。日本人抑留者がソ連に60万人いるが、「この地で社会主義を体験したという事実、こいつは無視するわけにはいかんよ。その日本人が、いわゆる民主主義者であろうと、反動であろうと、そんなことは問題じゃない。それらの人たちが例外なく、社会主義者をパンフレットのなかにではなく、生活のなかに体験したという事実が問題なんだ」。

しかし、「吊るし上げ」は残酷だった。吊るし上げの集会中に全く発言しない者は目を付けられ、それが度重なれば、日和見として、彼もまた大衆の面前で吊るし上げに遭う。ある日、親友のマルクス主義に通じた谷本少尉が吊るし上げに遭った。谷本は応召前に満鉄調査部で働き、ロシア語がよく読め、考え方もマルクス主義的であった。「社会主義と資本主義の二つの体制は、もし双方にその意志があるならば、平和的に共存できる」としたスターリンは明言したが、谷本は「平和的共存はありえない」と異論を唱えた。

谷本は間違っていないと信じていたが、保身のために高杉は、吊るし上げの合唱に加わってしまった。後日、高杉が詫びると谷本は「瘋癲《ふうてん》病院にいるあいだはしかたがないさ」と高杉を慰めてくれた。このことが祟《たた》ってか、高杉たちの帰還梯団の中に谷本の名はなく、５００名は別のハバロフスクの収容所に送られた。「我々生き残った者はね、加害者なんですよ」（帰還者の一人の佐藤清氏）。

帰還梯団の編成が済んでも分隊ごとに民主運動の吊るし上げは続いていた。高杉の分隊も旧将校を中央に立たせ円陣を組んで糾弾していた。その時、収容所長の少佐が大佐の肩章を付けた見知らぬ老将校を伴って現われた。

その老大佐は我が子に言い諭すように言った。「私と収容所長は、お互いに毎日、批判と反批判をやっているが、そのためにますます親しくなりこそすれ、仲たがいするようなことはない」「帰国したら、諸君の前に重大な問題がたくさん横たわっている。諸君はそれらの問題についてこそ、同志と討論しなければならない。それが批判と自己批判だ」。「人生の美しい智慧をもった人々がここにもいるという確証」が、高杉の暗い気持を救った。

渡辺一夫は『極光のかげに』の序に書いている。「いかなる制度にも長短がある。そして、その制度での人間の優劣賢愚によって、制度は生きもし、死にもする」。高杉はそのことを、4年間のシベリア抑留で知ったのである。

（三）中国共産党の思想教育

◎中国共産党の「思想改造」教育「変脳」

抗日戦争中、中国共産党は解放区の延安に拠って、日本軍と国民党軍に抵抗を展開した。毛沢東は整風運動として権力闘争を活発化させ、粛清とスパイ狩りを行ない、凄まじい拷問を伴う「変脳」が進めた。一九四二年五月から一九四五年一一月まで延安に滞在したソ連のピョートル・ウラジミロフ記者は厳しい延安の生活と重大事件の記録を日記に残している（『延安日記』一九七三年）。

中国当局は朝鮮戦争中の捕虜を労働力として利用するよりも、彼らの思想を改造することに重点を置き、価値意識の「中核的な」部分の変革を目指すものだったが、その改心度を測るのは難しい。

中国当局が人民に対する政治教育上、最も重視したのは「学習」だった。学習は中国人民の重要な日課の一部だった。

学習の多くは勤務時間後に、時には勤務時間中の一定の時間に、各機関や工場、あるいは地区ごとに設けられた小さな学習グループを単位にして行われた。

第二段階は坦白《タンパイ》（自白）で、自分の欠点や非を自白すること。自白しない者は第三段階で、告発され、吊し上げに遭う。最後まで自白しない者は公安局員に会場から引き立てられ、懲罰施設に送られた。

◎中国戦犯管理所での「思想改造」

レーニンは「無産階級の者が自発的に共産主義思想を持った人間になるのではない。共産主義の教育を受けて、理解して共産主義者になる。つまり人間は、教育によって変わる」と考えていた。一方、スターリンは「一定の社会的地位にいる人間が、その地位の教育を受け、その環境で長く生活して思想が固まった場合、その人間の思想は変わらない」と考えていた。

毛沢東は「階級が違っても、正しい考え方を正しい方法で教育すれば人間は変わる」と考えていた。延安の労農学校に居た日本人捕虜も中国戦犯管理所に居た日本人捕虜も、侵略戦争の不正義を理解したから変わった。

シベリアに戦犯として残されていた約2500人の日本人捕虜のうち、中国で重い罪を犯した1000人が中国に移管され、撫順と太原の戦犯管理所に入所した。中には第596師団長の藤田茂中将ら軍人、古海忠之ら満洲国高級官僚らが居た。満洲国皇帝の溥儀、蒙古連合自治政府主席の徳王ことデムチュクドンロブも入所していた。

シベリア収容所での食事は僅かの黒パンと塩漬け魚ぐらいだったが、中国戦犯管理所では白米飯、肉とジャガ芋の炒め物、野菜スープに変わった。拷問や強制はなく、「一人一人が自らの内面に踏みこんで、自らが犯した罪を追及し、告白し、記述した」（新井利男「中国の戦犯政策とは何だったのか」『季刊中国』二〇〇〇年六月61号）。

✍中国送還後の徳王の「自己改造」

一九五〇年九月一八日、モンゴル自治独立運動の徳王は監獄から引き出された。両手を後ろ手に縛られ、顔には目隠しをされ何も見えなかった。車に押し込まれた。飛行機に乗り換え、北京に飛んだ。中国送還後、ひとまず北京で収監され、さらに張家口に移送され、長年、獄中で政治教育が続けられた。

以下は、政治防衛所（第一所）で徳王ら戦犯を担当した孫志明の見た徳王である（『中国撫順戦犯管理所職員の証言』二〇〇三年）。

孫氏の少年時代、「お父さん」と呼んで慕っていた人が、八路軍のビラを貼ったかど廉で縛られて広場に引き出され人々の前で、日本軍の番犬に噛み殺されたり、親戚にも日本軍に虐殺された人が出た。

一九四三年から抗日戦争に参加、日本降伏後の四七年に青年抗日救国会主任として正式に人民解放軍に加わり革命に参加、その後、華北行政委員会の公安部で働いた。五四年、各地の行政委員会が廃止になり、氏は内蒙古公安局に配属になった。

これらの戦犯たちがなぜ優遇されているのか疑問だった。当時の公安局職員の生活レベルは低く、衣食に苦労していた。職員たちがコーリァンとか粟を食べているのに、戦犯たちは白米と小麦粉製品を常食とし、魚や鶏肉を毎日のように食べていた。

徳王は他の戦犯たちより優遇されていた。他が雑居房なのに独房に住んでいた。徳王は食事に文句を言い、専属の炊事係がつき、彼の毎月の食事代は二〇元。公安部の部長でも一八元、人民共和国の国家主席に使う食事代だった。徳王は羊の肉を非常に好んだ。着る物も他の戦犯が着ている人民服を着ず、モンゴル服を着ていた。

最初の数年は扉を叩いて反抗し、生活面の要求も多かった。モンゴル人のパーチュジャン所長としか口を利かなかった。公安所の中に徳王専用の庭が作られ、徳王は独房とその庭だけで暮らし、他の戦犯との接触は一切なかった。

はじめ、戦犯一人一人に対して個別教育が行なわれたが、後に討論による集団学習に切り替わった。徳王が入室すると、他の戦犯たちが一斉に起立して徳王に席を勧めた。王公に対する尊敬の表明だった。職員たちは、これではいけないと、同じ戦犯なのだから、その必要はないと教育した。まもなく、徳王が入って来ても誰も気を使わなくなった。

はじめの頃、徳王は学習せず、討論の時に、発言できなかった。これを恥じてか、自室で本を読み、メモを作り、発言の準備をするようになった。モンゴル語の新聞と毛沢東の著作を読み、発言も活発になった。

五七年一〇月の国慶節を機に見学学習が始まった。目隠しされて管理所に連れて来られた戦犯たちはフフホトの町の変わり様に驚いた。徳王も同じだった。共産党には国を治める能力がないと思っていた戦犯たちは、共産党こそ人民（国家）の指導者であり、国を治める資格があると思うようになった。

徳王も「内蒙古大学、医科大学などで内蒙古では今までこういった整った実験室の中でモンゴル族を教育したことはなかった。中国共産党は民族の教育に重点を置いている」「モンゴルの民族服を着ているモンゴル族の学生がたくさんいました。彼らは、同じ学校で漢族、モンゴル族が差別なく学習していることを見て、中国では民族差別のないことを知ったのです。服装も自分たちの民族習慣によって自由であるし、中国では差別なく民族平等だということを実感し、それまでの自分たちの考えが間違っていた、と反省をしました」と孫志明氏は回顧しているが、それは氏の観察である。徳王自身の言葉ではない。民族が平等でないことは文化大革命でモンゴル民族が最悪の扱いを受けたことからも、内モンゴル自治区の現実を見ても明らかである。

「私を殺すのなら、張家口のような漢族の地方ではなく、シリンゴル盟等の蒙古地方で殺してもらいたい」(『徳王自伝』446頁)と、中国送還直後に言っていた徳王だったが、次第に一日でも早い釈放を望むようになった。

毎年一回(原則一人づつ)特赦が行なわれる。五九年一〇月の第一次特赦で、チャイウサン地区の司令官だったシュンムツゥンドゥクが釈放された。二回目は蒙古連合自治政府興蒙委員会副委員長のチョコバータル(陳紹武)だった。徳王は焦り始めた。釈放前の二、三年間、『蒙漢大辞典』作りに懸命になった。

六二年五月、徳王は黄疸性の肝炎にかかり、内蒙古医学院附属医院で長期療養を余儀なくされ、病状が持ち直した頃、家族との面会も許された。

徳王の三男オチルバトと夫人リンチンツォは公安庁の会議室で徳王と再会した——「もし別の場所であったなら、私は父を見分けられなかったかもしれない。当時、父は藍色の蒙古服を身にまとい、顔面蒼白で、顔中白いひげに覆われ、腰が曲がって、歩くのも難儀そうで、とても年老いたように見受けられた。私は17年ぶりで(一九四五年春から一九六二年夏まで)、哀れな姿の父にようやく会うことができた。」(「徳王三男の回顧録」)。

徳王に面会する前に騰和処長はどのように話すかを指示した。モンゴル人民共和国で銃殺された長男ドグルスレンについては「モンゴル国立大学を卒業後、学校に残って仕事をしている」と、五九年に病死した五男オチルホヤグについては「ハイラルで教師になっていて、すでに結婚している」と言いなさい、シリンゴル盟文工団での仕事を奪われたオチルバトに対してはその文工団に勤めていると言わせ、シリンゴル盟の発展状況を詳細に紹介するよう指示した。

六二年九月、中国政府は徳王とその家族［妻とオチルバト］がフフホト市内に住めるよう手配した。六三年四月九日、国家主席劉少奇の特赦令（第三次特赦）に基づき、内蒙古自治区高級人民法院は徳王を釈放した。公安局の職員たちは特赦に際し、徳王のために黒いモンゴル服を新調した。徳王はそれを着るのを拒否した。モンゴルでは黒色の服は葬式などに着る物だった。新たに空色の服を作ってやったと言う（孫志明）。徳王は中国語を知っているのに職員たちにはモンゴル語で通そうとし、通訳させていた。

六三年夏、全国政治協商会議主席周恩来は「緊急に歴史資料を保存せよ」と指令、内蒙古政治協商会議文史資料研究委員会は、内蒙古近現代史の生き証人である徳王と李守信に回想録の執筆を要請した。李守信には学問がなく、徳王は過去の記憶も薄れ歴史資料も手元になかったので、文史館は内蒙古参事室に勤めていたトフシン［旧名トグトフ］を助手にして回想録を口述筆記させた。トフシンは蒙古連合自治政府民政部文教科長で、徳王の秘書の一人だった。

六五年までに七篇の回想録が完成したが、文化大革命で出版が中断。文化大革命後の八四年一二月、出版されたが、第一章の主要部分が欠落していた。幸運なことに内蒙古社会科学院研究員の盧明輝が文化大革命中、徳王に関する資料を地下に埋めて保管していた。

盧は回想録の価値に気づき、徳王の許しを得て、筆写していたのだった。少年時代の盧の脳裏に威風堂々とした徳王の姿が焼き付いていた。

第一章の百霊廟内蒙古自治運動に関する部分は、徳王の当初の自治運動の動機が如何に純粋で志の高いものだったかを物語っているからだ。便法として、国民党や日本軍部と結託しても、けっして彼らの傀儡とか手先になっていなかった。自伝は懺悔録の体裁は取ってはいるが、その行間では自分の政治的行為の正当性を訴えている（『徳王自伝』の訳者・森久男氏の評）。

六六年五月二三日、肝臓に冒されていた徳王は内蒙古医学院附属医院で逝去。享年六四。

◎文化大革命期のモンゴル人に対する暴虐

中華人民共和国ではその後、多数の傍聴人が公判に参加して、被告人の「自己改造」あるいは「改心」を迫る「人民裁判」が行なわれているが、実態は「吊し上げ」に近い（大野正男「現代中国の人民裁判傍聴記」『文芸春秋』一九七七年一〇月号）。

中国で文化大革命が始まると、その影響が内モンゴル自治区にも及んだ。内モンゴル自治区人民政府主席などの要職についていたウランフーまでもが批判され、一九六七年失脚した。

日中戦争中に日本軍の「走狗」となったモンゴル人の摘発と吊し上げが暴虐を極めた。吊し上げ中に紅衛兵らが暴行を加え、多数のモンゴル人が死亡したり半身不随になった。六八年から六九年に約4万7千人、七〇年から九〇年に7千人のモンゴル人が殺害されたという（一九九二年八月二五日付『朝日』）。詳細は楊海英『墓標なき草原　内モンゴルにおける文化大革命・虐殺の記録』（二〇〇九年）を参照。

中国の新疆ウイグル自治区では中国共産党政府による虐待や拷問を伴う深刻な人権侵害が行なわれ、ウイグル人の国外流出が続いている。

第2講

マインド・コントロールのロジックとレトリック

（一）マインド・コントロールのプロセス

●一般民衆は、彼らの社会通念が権力や権威によって裏付けられて確信化し、激情化して爆発する。

関東大震災当時、朝鮮人虐殺の加害者である日本人は、朝鮮人は日本人に敵意を抱いているという社会通念に憑《と》りつかれていた。

映画「福田村事件」の中で、朝鮮半島帰りの元教師が妻に語る。「韓国を併合してから日本人は朝鮮人をずっと虐めてきた。だから、いつやり返されるか、ずっと恐怖心があったんだ」。

植民地で軍事弾圧していた日本政府は「不逞《ふてい》鮮人」の暴動を怖れていた。内務省警保局は大正二年（一九一三年）、各庁府県の長官宛てに「朝鮮人識別資料」を通達した。

内務省は発災の翌2日、「震災に乗じて暴行する朝鮮人が来るかもしれないから、各町村は在郷軍人や消防団と協力し、有事の場合は適当の方策を」と、関東近県に指示した。各地に自警団が結成された。

自警団を主導したのは在郷軍人会の分会。在郷軍人会は任意団体ではなく陸軍の組織の一部で、陸軍が全国各地に組織を張り巡らし、帰還兵を退役後も監視しマインド・コントロールし、戦場での残虐行為を語ることを禁じていた。

関東大震災直後に不逞鮮人が「暴動に来る」「放火した」「井戸に毒を入れた」などという流言が流れた。しかも内務省や軍などの公権力が事実と認定した。それによって圧倒的多数の一般民衆が激化し不逞鮮人らの虐殺を始めた。だから、朝鮮人虐殺は権力犯罪でもあるが、民衆犯罪でもあり地元民が加害者になる民衆犯罪でもある。

「流言は智者にとどまる」という格言がある。神奈川県警鶴見分署長は地元の寺に避難していた朝鮮人らを署内に移し、警察署を包囲した1000余の暴徒を説得し、事なきを得た。

余所《よそ》者の行商人が讃岐弁を話したから朝鮮人と間違えられて、虐殺されたと流布されているが、これは加害者側が後付けした言い訳である。映画の中で、行商人に「教育勅語」や歴代天皇の一部を言わせると彼らは正しい日本語の発音で復唱していた。行商人の親方は「お前ら、朝鮮人なら、殺してもいいんか！」と言い返した直後に、殺害された。はじめから朝鮮人や余所者の行商人に対する偏見《バイアス》があるから虐殺に及んだのである。

地元で真面目《まじめ》に働く朝鮮人と接触し好感を持っている日本人もいたが、少数だった。理知的なインテリも少数で、非力だった。一般民衆の多数に理知が働けば、デマも信じないし暴虐にも奔らなかったろう。

政府は「記録が見当たらない」として官憲と民衆による朝鮮人虐殺を認めない。「歴史修正主義」は自国民の「汚点」を否定あるいはできるだけ薄めたいという国民感情に依拠する。歴史修正主義的な主張は自民党政権の歴史認識になっている。

関東大震災から百年になる二〇二三年九月、千葉県の白井市立図書館は工藤美代子の「虐殺否定」本『関東大震災「朝鮮人虐殺」の真実』（二〇〇九年）を、館内展示せず、開架にも置かず、書庫に置いたままである。一方で、西崎雅夫編『関東大震災直後　朝鮮人と日本人』（二〇一八年）と渡辺延志《のぶゆき》『関東大震災「虐殺否定」の真相　ハーバード大学教授の論拠を検証する』(二〇二一年)を館内展示している。「歴史修正主義」の横行する反理知時代の今、公立図書館としては珍しく理知的な義挙と言える。

二学期の始業式で「震災講話」をする学校長は多いが、関東大震災後に発生した朝鮮人虐殺という負の史実」にまで言及する校長は稀だ。

❸マインド・コントロールは同調圧力。強圧の度合いに強弱がある。強圧度の強い「洗脳」は、外部からの情報を遮断して拘禁状態に置き、拷問や殴打、罵倒や凌辱、恐怖や脅迫などの強圧が加わることが多く、飢餓状態や無睡眠に置かれることもある。

集団内の「洗脳」は衰弱したり弱い立場の人たちから始める。

「洗脳」は概ね、以下の「詰め込み」(brainstorming)⬇討論学習⬇集団行動⬇声明文提出というプロセスで進む。

①繰り返し尋問し同じことを休みなく繰り返し聴かせる。学習に抵抗すれば、食物を与えず眠らせない。

②はじめは単純なことを自認自白させ、次第に要求水準を上げ、最後に特定の考え全体を認めさせる。認めれば、食べ物や奢侈品などの褒美が貰える。認めなければ、さらなる「限界状況」に置かれる。

③特定の思想を学習させたら、小グループで討論させて確認させる。抵抗すれば「吊るし上げ」に遭う。

④特定の作業をさせたり宣伝活動に参加させて、「洗脳」効果を試す。活動が不十分であれば、再学習させられる。
⑤その成果を文書にして提出させる。「転向」がいい加減であれば、書き直しさせられる。

「教化」が教科書で体系づけられ権威づけられると、強圧度は増す。

（二）日本浪漫派のレトリックと京都学派のロジック

※マインド・コントロールは社会通念と権威と情感で刷り込むのが基本である。

（1）底流する「日本主義」の罠

いわゆる「日本主義」は明治中期、明治政府の欧化主義偏重に対する反動として起こり、三宅雪嶺、高山樗牛、井上哲次郎、井上円了らの文学者や哲学者らによって提唱された。国学同様に論理性は脆弱で、情緒的。思想としては一定の体系を成していない。

「日本主義」は第二次大戦後も、日本の政治風土の中で左翼思想に対抗するイデオロギーとして機能している。「日本主義」は情緒的に日本古来の伝統や東洋思想を擁護し、「政治にも忍び込んで保守反動の底流となり、社会全般に浸透している」（篠原一《はじめ》『日本の政治風土』一九六八年）。欧米一辺倒の風潮に抗して、日本人の心の「洋魂化」の防波堤たらんとしている。

二〇〇一（平成一三）年には境野勝悟の『日本のこころの教育』が出版され、二〇〇二（平成四）年ごろからオペラ歌手の森敬恵が「『日本の心』を歌い継ぐ会」の活動を開始した。

二〇一五（平成二七）年には「日本の心を大切にする党」が結成された。文学や哲学にも浸透し、情感的に現実を容認する安易な人生論や癒し本が出回っている。武道、茶道や華道や装道などの芸道にも忍び入り、和食、旅、古民家などなどにも「日本の心」の情感が染み込んでいる。

以下で、今も日本社会に浸み込む「日本主義」の罠を暴く。

（2）日本浪漫派のレトリックと京都学派のロジック

日本では今、まやかしのレトリックと騙しのロジックで装った言説が主潮となっている。戦前戦中も欺瞞のレトリックとロジックで現実を容認し、体制を翼賛する言説が横行していた。

戦時中、日本浪漫派は言葉の綾で、京都学派はロジックの綾で国民を騙し、体制を翼賛し、戦意を高揚し、特攻精神を美化した。

戦前戦中、国策確立に主体的に協力した知識人集団があった。ルーズベルト大統領が議会制度の欠陥を補完するために設置し大統領の権限を強化しニューデール政策をスタートさせた「ブレーン・トラスト」に感銘を受けた後藤隆之助が、近衛文麿の要請で昭和八年に発足した「昭和研究会」である。この知識人集団が近衛の「新体制」運動を推進した。昭和一五年に後藤をはじめ会員の大半が「大政翼賛会」入りした後、主宰者が決まらず、同年、解散した。

これに取って代わるかのように「新体制」を正当化し侵略戦争に理論的支持を与えたのが、「日本浪漫派」と「京都学派」である。前者の保田《やすだ》与重郎《よじゅうろう》や亀井勝一郎らはレトリックの綾で、後者の京都哲学派の田辺元《はじめ》やにしたに西谷啓治《けいじ》らはロジックの綾で国民をマインド・コントロールした。彼らのようなソフィストやデマゴーグは、オーウェルの『動物農場』と『１９８４年』にも登場する。

日本浪漫派は戦争を情緒的に肯定する方法を編み出した。「明瞭に定義することのできない言葉を駆使し、読者の情念に訴え、戦争の性質を分析せずに、戦争支持の気分を煽りたてた」（加藤周一「戦争と知識人」一九五九年）。亀井勝一郎は「慟哭《どうこく》」「憧憬《どうけい》」などの漢語を頻りに用い、「非常に悲しんで泣く」という何の変哲もない動詞の代わりに「慟哭する」、「あこがれ」「とこしえ」という和語があるのに「憧憬」「悠久《ゆうきゅう》」などと、頻りに漢語を使った。彼らは、「悠久のロマンチシズム」のような曖昧《あいまい》で大仰《おおぎょう》で荒唐《こうとう》無稽《むけい》なレトリックを多用した。

「人間にとって求道は無限の漂泊であり、恐らく死以外に休息はあるまい」「戦争より恐ろしいのは平和である。・・・奴隷の平和よりも王者の戦争を！　ここでの勝利は、勝利といふ観念では存在しない。悲願あるのみ」。「人生は不断の戦い」であるとし、戦争に死に場所を見出すという意味付けに誘導した。

戦後の文壇に復帰しても、彼らの書きぶりは変わらなかった。「私の往年の文章は多くの若者を死なしたのであらうか。それは私が死なせたのでなく、本当の『日本文学』が死んでもよいといふ永遠の、生命の、天地開闢に、彼らの心をひらいたのである。それは大東亜の開闢のころである。彼らが私に残していつた最後の遺言は、みな、死が永遠なる時の実体の開始なることを教へた。稚い、しかも崇高なことばでその思想の発生と成就の生ひ立ちの状をさえ教へてくれた」（保田与重郎「日本の歌」）。

作家の曽野綾子は大江健三郎の『沖縄ノート』を誤読して、集団自決は軍による強制ではなく、「国に殉じるという美しい心で死んだ人たちのことを、あれは命令で強制されたものだ、と言って、その死の清らかさをおとしめている」と強弁した（二〇〇〇年一〇月）。これは単なる誤読ではなく、故意に曲解したものである。

権力者や権威者や有名人が事実無根を根拠に堂々と持論を展開すると、始末が悪い。知名度は欺瞞を凌駕する。

京都学派は戦争を論理的に肯定する方法を提供した。京都学派は生活と体験と伝統を離れた外来の論理の何でも適用できる便利さを、積極的に利用してたちまち「世界史の哲学」をでっちあげた。およそ京都学派の「世界史の哲学」ほど、日本の知識人に多かれ少なかれ伴わざるをえなかった思想の外来性を、極端に誇張して戯画化してみせているものはない。ここでは思想の外来性が、議論が具体的な現実に触れるときの徹底的なでたらめ振りと、それとは対照的な論理そのものの尤《もっと》もらしさに、全く鮮やかに現われている（加藤周一「戦争と知識人」一九五九年）。

田辺元は、歴史的現実一般について抽象的に語る時にはもっと尤もらしかった。「閉鎖的・種族的な統一を開放的・人類的な立場へ高める原理を御体現あそばされる天皇」を臣民が「翼賛し奉る」（「歴史的現実」）と理屈だてる。しかし、世界の歴史的現実の中で具体的に日本の意味を語る時には荒唐無稽でしかなかった。故にこれ以上の具体的引用は省く。

戦後になると、立憲君主制の擁護に転じる──「天皇は国民の全体的統一の理念の体現であり、従って国会の統一点である。主権は国民にあると同時に、天皇に帰向する」「天皇は無の象徴たる有と解し奉るべきであろう」「天皇の象徴的存在こそ、民主主義を容れて而もその含む対立を絶対否定的に統一する原理であるといふべきである」（「政治哲学の急務」）。

田辺らの出鱈目《でたらめ》な論理は戦後も変わらなかった。「田辺元の論理は技術的なものであり、彼はその技術をそれぞれの時代の「国民の大多数」の考えの正当化に用いた」（加藤周一）。「世界史の哲学」の現在の亜流は「日本会議」。体制翼賛の政治的言論集団で、「自虐史観」を廃する運動を進め、戦前回帰を担う。

当時の知的エリートたちである学生たちは、愚かな戦争の中での避け難い死に意味を与えようとすれば、その欺瞞性に気づきつつも、日本浪漫派のレトリックと京都学派のロジックに酔い、癒すしかなかったのだ。

国民の大多数は戦後、逃げ口上として「国民には何も知らされていなかった」「国民は騙されていた」と言えた。武者小路実篤などの文学者ら有識人までが「私は騙されていた」と言っては、嘘《うそ》になる。

一五年戦争中も座談や対談で無責任な放言を繰り返していた小林秀雄は戦後、『近代文学』が主催した座談会（昭和二一年一月一二日）で、「僕は政治的には無智な一国民として事変に処した。黙って処した。それについて今は何も後悔もしていない」「僕は無智だから反省なぞしない、利口な奴はたんと反省してみるがいいじゃないか」と啖呵《たんか》を切り居直り、嘲笑を買った。一方で、一度起こってしまったことは二度と取り返しがつかないのが歴史であり、解釈や批判を拒絶して動じないのが「歴史の魂」だとも語っていた。何やら「日本主義」や「日本浪漫派」のレトリックを想起させる（拙著『コトバニキヲツケロ』（二〇一六年39頁～44頁）。

政治的リアリティを欠いた言動が目立った安倍晋三は、日本浪漫派のレトリックで「美しい日本」「日本（の心）を取り戻す」と唱えた。「日本主義」の復古調の臭いがする。

（3）国民文学の罠

＊国民文学も現実容認の思考様式を採る。

●一九三五年八月二三日から一九三九年七月一一日まで「朝日新聞」に連載された吉川英治の『宮本武蔵』は武蔵を「剣禅一如」の求道者として描き、日中戦争から太平洋戦争に向かう戦時下の大衆の願望に呼応して、大人気を博した。「東亜聖戦の旗下、今も猶、武蔵以上の武蔵が皇軍将士の中に幾多となく実在する」（一九三七年一二月）。一五年戦争中、「国民文学」は「戦争を遂行する新体制運動に協力するもの」と考えられていた。

武蔵は佐々木小次郎との決闘場の船島に向かう小舟に端座して想う。「真っ蒼《あお》な海水の流紋に眼を落して見る。深い、底知れず深い。水は生きている。無窮《むきゅう》の生命を持っているかのようである。しかし、一定の形を持たない。一定の形に囚われているうちは、人間は無窮の生命は持ち得ない。―真の生命の有無は、この形体を失ってからの後のことだと思う」（円明の巻「魚歌水心《ぎょかすいしん》」）。日本浪漫派好みのレトリックで、死地に赴いて「玉砕」を強いられる兵士の心情を癒しているようである。

「武蔵＝名人説」を採る菊池寛に対し「武蔵＝非名人説」を採る直木三十五は、菊池寛説を採った吉川英治に「武蔵を名人とする理由を明らかにせよ」と迫ったが、この要求に吉川は終始、応えることはなく、「武蔵＝名人説」が多くの大衆の支持を集め、その後の武蔵像を定めた。

『宮本武蔵』全6巻を「六興出版」社から刊行するに際しては、GHQの検閲を忖度《そんたく》し、吉川英治自身が改訂を加えていた。戦争や侵略のイメージを暈すため、「敵を斃《たお》す」を「相手を屈服させる」、「あの征韓の折」を「あの折」に言い換えるなどした。

また吉川はあからさまな皇室崇敬表現を改め、「神功皇后さまが、三韓を御征伐なされた折」を「神功皇后さまが、三韓へ御渡海なされた折」などと変え、伊勢神宮の神官が著《あらわ》した歴代天皇の詔勅に関する文章を丸ごと削除した。

吉川の文章は読み易いが曖昧である。しかし、「かれの文章のアイマイさは、日本人の思考の型に即応したものであるので、ごく自然に受け取られたのではないかと考えられる。吉川文学の成功の一つは、おそらくここにあるのであろう」（桑原武夫『「宮本武蔵」と日本人』一九六四年）。

日本人は、技芸にまで「求道」を求め、「…道」にしたがる。「茶道」「華道」に「香道」、「柔道」「剣道」「弓道」に「野球道」、「装道」に「オモテナシ」、「学者道」に「英語道」などと呼び、「脱政治」と「脱俗」を善しとする。

●「日本の自然主義以後の文士の多くは、社会にたいしては反逆者であり、それからの逃亡者であって、その生活はつねに反逆者の生活者であった。その明治四十年ごろに現れた自然主義者の中で、島崎藤村だけが違った型であった」（伊藤整『改訂文学入門』一九六七年）。

小説という「芸術文」ではあるが、島崎藤村の文章を、政治言語の散文の例として俎上に載せる。「藤村というのは、センチメンタルで、退屈で、ぐずぐず言いわけとか、くりごととか、何かじぐじぐしていて、うっとうしくて、いやだったんです」（色川大吉『民衆史　その１００年』一九九一年所収の一九八九年三月の講演録）。まさに「文は人なり」である。

「日本の自然主義以後の文士の多くは、社会にたいしては反逆者であり、それからの逃亡者であって、その生活はつねに反逆者の生活者であった。その明治四十年ごろに現れた自然主義者の中で、島崎藤村だけが違った型であった」（伊藤整『改訂文学入門』）。

藤村は『千曲川のスケッチ』という一連の写生文で、風景や人物を正確に描こうとした。その文体を使って、『破戒』（一九〇六年）という小説も書いた。この作品で小説家として名を成した。

藤村は北村透谷に学んで、大成したと言われている。何を透谷から学んだのか。透谷のエゴを通そうとした破滅型の生き方を踏襲したのではなく、世間と妥協したそうでない生き方を選んだ。夏目漱石や森鷗外の調和的な生き方にも、やや似たところがある。

「われわれが良心的に生きるかぎり、かつまた良心的な仕事をして生きようとするかぎり、金銭を十分に手に入れて楽な生活をすることはできない。それればかりでなく、われわれは、生活の根拠も失って滅びてゆかざるをえない。現代では良心的に暮らすことが生活の破滅を意味している」（伊藤整の同書）。

藤村は『家』（一九一一年）あたりから、正確な文体ではなく、「一種の儀礼的なアイマイさ」（伊藤整）のある文章を書くようになった。

これが、現実の社会生活者の共感を得た。「現実の社会人は、周囲や他人を気にしたりして、自分の思うことを明確に言うことができないような生活を日常送っているものである。そういう人たちに取っては、島崎藤村の文体における、アイマイでありながら自分の意思を通す、というこの表現法がひじょうに魅力があった」(伊藤整)。国民的作家と呼ばれた作家たちの文章も概ね、妥協的で曖昧《あいまい》である。

自分の姪と通じた事件を告白した『新生』(一九一九年)を、「・・・、彼は頭を(汽車の)窓のところに押付けて考へた。『あゝ、自分のやうなものでも、どうかして生きたい』」というつぶやきで終えている。

この一文は名文句とされている。しかし、そこには、エゴイストであることを認めつつも、作家としての社会的地位から退きたくないという強い執着がある。不正やらスキャンダルが暴露された政治屋、芸能人、著名人などが口にする台詞《せりふ》に似ている。総じて、彼らは強《したた》かである。

選挙買収事件の元法相の河井克行被告は、神父に諭され、買収行為の大半を認め、現金を配った時の心情を語った—「自民党広島県連の会長職にも就けず、地元で疎外され寂しかった」「長年独りぼっちで地元政界に仲間が欲しかった」。

●「国民文学」とは「一国の国民の諸特性をよく表現した、その国特有の文学、またはその国で広く国民に愛読されている文学」である。吉川英治も島崎藤村も、国民的作家。

昭和の国民的作家の司馬遼太郎は文章を短文で綴り、読み易い。実際の出来事と実在の人物の複雑な面を切り捨て、単純化し痛快に物語るから、予備知識が無い読者層にも受け入れ易い。しかし、小説ならともかく、エッセイ風のノンフィクションとなると、デマゴーグの体臭がし、胡散臭《うさん》い〔拙著『現代モンゴル読本』(二〇一五年)を参照〕。

(4)「癒し本」の横行

●功成り名を遂げて晩年、満ち足りた境地になった者は、己《おのれ》の「認知バイアス」に囚われながら、現実容認、体制受容の人生論を説く。

中国を介して変容した仏教思想の影響か、知識人も庶民も現実容認の思考様式を採りがちだ。瀬戸内寂聴の説法物、五木寛之の説法風エッセイは、作家も「老成」すると、現実を容認し「悟り」の境地に至ることを示している。ごく普通のことを情感のレトリックを散りばめて、しみじみと語れば、「癒し本」になる。

戦中の日本浪漫派と京都学派は、否応《いやおう》なく死に追いやられる人々に癒しのレトリックとロジックを提供した。今は「虐《いじ》め」の時代である。空気を読んで面従腹背してでも同調しなければ、不利益を被《こうむ》るか「虐め」に遭い、自殺に追い込まれる場合もある。悟った風に現実を容認させる「癒し本」は「騙《かた》り本」である。

女性哲学者の『14歳の君へ』は、虐められている子に語りかける――「いじめられている君は、心がとても傷ついているだろう。だけど、自信をもっていい。君は決して悪いことをしていない。悪いことをしてないんだから、傷つく必要だって本当はないんだ。悪い人がよい人を傷つけることはできない。よい人のよい心を、悪い人の悪い心が傷つけることは、決してできないことなんだ。だから、よい心でいることが、一番強いことなんだ」。

哲学者らしく理屈立っていてご尤《もっと》もだが、「よい心」で居れば、「いじめ」に耐えられるというのか。騙《だま》しのロジックである。読み継がれて、これが25万部突破したそうだから、不思議だ。

●宗教人で教育者の書く「癒し本」となると、ロジックよりも癒しのレトリックが濃厚になる。ひとを花木に喩え、語り口は謙虚で優しい。

東日本大震災1年後の二〇一二年四月に出版された『置かれた場所で咲きなさい』は5年後に230万部を超えた。

「置かれたところこそが今のあなたの居場所」「置かれた場所で咲きなさい」「咲けない日がありますその時は、根を下へ下へと降ろしましょう」。この心に響くような言葉は「Bloom where God has planted you. 神が植えたところで咲きなさい」という短い英詩から採ったものだが、私にはしっくり来ない。

第一に、余りに宿命論的である。神が与えてくれた今の居場所に安住しなさい、ということだ。神らしき者が私を勝手に、こんな場所に置いておいて、「そこで花咲きなさい」と言われたって、困るではないか。自分自身の責任ではなくて、遺伝やら巡り合わせやらで、不幸な境遇に置かれて、「花咲け」というのか。環境によっては花咲けない花木だってあるのだ。納得の行かない運命を甘んじて受け入れろ、と言うのか。こういう「語り」は「騙《かた》り」で、忍従のレトリックだ。

咲けない日は「根を下へ下へと降ろしなさい」というレトリックで、具体的にどういうことを言わんとしているのか。文字通りに解すれば、「自分の殻に閉じこもり、足ごしらえをして置きなさい」

ということか。しかし、結局、花を咲かせられず、枯れてしまう花木もあるのだ。忍従のレトリックである。

「癒し本」は社会や世間を責めない。現実を容認し、「自己責任」を課す。体制翼賛に繋がる。騙りの癒し本が罷《まか》り通るのは、マインド・コントロールを受け入れ、癒しなしには生きていけない人々が多いからだろう。

●チッソに自身の人生と家族の生活が狂わされた女性患者はチッソを憎み続けた末に、チッソを赦す心境になる――「人を憎めば苦しかじゃろう。苦しか。そしたら許せば苦しゅうなかごんなるよ。」（石牟礼道子『苦界浄土』）。深い言葉ではあるが、私なら、あの世でも憎み続けるだろう。

生れ付きの障害を、神が課した「宿命」や「試練」だとして受け入れよと説く宗教や哲学を、私は信じない。この世の不条理を「定めじゃ」と片付ける大方の通俗時代劇は観《み》ない。

人智の及ばない偶然事は、神の仕業である。人生相談の対象にはなれない。神仏に対する願いごとは、そもそも叶わぬことである。絶対正しいはずの神に異議を申し立て、その差配の誤りを認めさせ、撤回させることになるからだ。

奈良県御所《ごせ》市にある一言主《ひとことぬし》神社の神様は、一言の願いであれば何でも叶《かな》えてくれると言う。「はがきの名文コンクール」に応募し、願いごとをはがきに書いて送り、大賞に選ばれると１００万円、佳作になると10名がそれぞれ10万円もらえると言う。文学賞並みの企画である。このコンクールの３人の選者にも高額の謝礼金が支払われるだろう。

この企画は二〇二三年で第9回目を迎えるという。財政難と言われている神道界にしては異例の、資金潤沢なイベントである。しかし、障害に苦しむ人を騙し、愚弄していないか。このコンクールの選者には「癒し本」の作家も入って居る。

一言の願いが叶うという宣伝文句で寄付でも集めていたら、「霊感商法」に当たる。

●「原発事故に因る死亡者はゼロ」「南京大虐殺はなかった」という類いの妄言妄説が後を絶たず、「読んではいけない」本が堂々と罷《まか》り通っている（佐高信『佐高信の毒言毒語』二〇〇八年）。一度、ベストセラーになると、次々と無批判で無内容の軽い本を出す。大抵は体制容認本だ。

（三）ソクラテス裁判　ソクラテスの弁論術《レトリケ》

◎ソクラテス式問答

●眉目秀麗の若いクセノフォーン は、狭い道でソクラテスとばったり出遭う。するとソクラテスは、杖を突き出してクセノフォーン青年の行く手を遮《さえぎ》り、食物の名を挙げて、それを買える場所を尋ねた。次に人間の善や美について問い詰められ、クセノフォーンが困惑すると、ソクラテスは「それでは私について来なさい」と言った。真面目《まじめ》なクセノフォーン青年は、こうしてソクラテスの弟子になった。

クセノフォーンは、街角で市民を捕まえては問答を仕掛けるソクラテスの日常の言行を伝えている。軍人となったクセノフォーンはソクラテス裁判当時、小アジアに駐留して居て、裁判は傍聴していない。

●クセノフォーンの『ソークラテスの思い出』は、史実上のソクラテスを知るうえで、最も貴重な文献とされている。プラトンのソクラテスの言行を伝える対話篇は、ソクラテスの言説そのものではなく、ソクラテスの言説を発展させた自分の教説をソクラテスに語らせているので、作為は免れない。

会話篇にプラトン自身は登場しない。プラトンの名前は『ソクラテスの弁明』と『パイドン』に出てくるだけだ。

ソクラテスとプラトンの時代とポリス社会にも言論の自由があったにしても、忖度《そんたく》し合ってコミュニケーションしていた。プラトンは「勇気」について問答した『ラケス』の中で、「人が相談しても、自分の考えていることを少しも言わずに、相手の考えを推しはかって心にもないことを言う人がありますのでね。しかし皆さんは、すぐれた判断力を持っておられるうえに、考えたことはそのまま言って下さるだろうと思いまして、そこでわれわれのしようと思う相談にお呼びしたわけです」（藤沢令夫訳）、と呼びかけ人のリュシマスに言わせている。

プラトン自身の教説は特定の立場に固定されていない。弁論術と正義を論じた『ゴルギアス』の場合だと、問答者の組み合わせが、ゴルギアスとソクラテス、ポロスとソクラテス、カリクレスとソクラテスと、三度変わり、問答は三段構造を採って展開する。

ソクラテスには分かりきったことを訊くという癖はあったが、ソクラテスの問答法は一つ一つの質問に「イエス」か「ノー」かを明確に応《こた》えさせて、争点を外すのを防いでいる。国会答弁でこの問答形式を採るといい。

ソクラテスの論法は次々に問いかけては相手の答えを否定して相手を追い詰め、「行き詰まり《アポリアー》」に追い込む「否定的問答法」。大抵、否定的結果に終わる。参加者全員が「アポリアー」に陥ることになる。

当代随一の智者で言論にかけては第一人者とされているプロタゴラスがアテナイに滞在していると知ってヒッポクラテスというアテナイの青年が高名なプロタゴラスに師事し金を払って言論術を習得しようと意気込んで金を使い果たしても構わないと、ソクラテスにその交渉を頼み込む。ヒッポクラテスはソフィストの正体について何も分かっていなかった。その青年を逐一問い詰めてゆくと、彼は「正直のところ、これ以上は何も言うことができません」（藤沢令夫訳）と閉口する。

次にソフィストのプロタゴラス自身と問答すると、「私としては、ソクラテス、君のその熱意と議論のすすめ方を賞賛したい」「君がいまに知慧にかけては有数の人物のひとりになったとしても、私はけっして驚かないだろう」と賛辞を述べ、「ところで、いまとりあげていた問題だが、これはまたあらためて、君のつごうのよい機会をみつけて論じることにしよう。いまはもう、ほかの用事にかからなければならない時間だ」（藤沢令夫訳）と逃げた。当時、プロタゴラスは高齢であったのに対して、ソクラテスは三七歳前後と考えられる。

ソクラテス自身は積極的に自分の見解を提示しない。友情や徳や勇気について問答しても、後日に持ち越すことで終わりになる（『饗宴』『メノン』『ラケス』）。

ソクラテスは、法の制約と同時に国民の同意を真の王政の必須条件として挙げ、法律に則らず国民の同意も得ず、支配者の意のままになされる統治を独裁政と呼んだ。クセノフォーンが「もし仮に法を守るはずのその王が法を破る行動を始め、善い進言を聞き入れず進言者を粛清したら、その王を退位させる権利が国民にあるのか」と問うた。すると、「身の安全を保てるか、それとも身を滅ぼすかね?」と逃げ腰になり、答えをはぐらかした。クセノフォーンが訊きたかったのは、善い進言を拒絶する支配者を排除する権利が国民にあるかどうかであったが、ソクラテスは確答しなかった。

ソクラテスの問答法は物事を「吟味《エレンコス》」するのが目的。ソクラテスは『弁明』の中で自分を「馬にくっつけられた虻《アブ》」に喩えている。ソクラテスは煩《うるさ》がられて死刑になったのである。

◎ソクラテス裁判

当時のアテナイの法廷は、専門の職業裁判官ではなく、陪審員たることを希望した三〇歳以上のアテネ市民から籤《くじ》引きで選ばれ、極く簡単な資格審査を経た陪審員で構成されていた。彼らは任期1年で、普通は約6千人。裁判の都度に、再び籤引きで選ばれ、ソクラテス裁判の場合は500人から成っていた。法廷には原告、弁護人、被告の演壇が設けられ、多数の傍聴人と幾人かの役人が出廷していた。

紀元前三九九年の晩春、ソクラテスの告訴状を提出したのは、世間で名前の知られていない若い三文文士のメレトースだった。原告のメレトースは三〇人寡頭政権時代にはメノンの拘引を執行し、民主政権になると、民主政権の首班のアニュトースの手足になっていた。アニュトースこそ告発の中心人物だった。

クセノフォーンやプラトンのような貴族階級から見れば、製革業は卑しい職業でああた。アニュトースは富裕な革鞣《かわなめし》業者で、商人層を代表者していた。

裕福な中流階級は完全な民主政治は望まなかったが、過激で狭量な貴族の寡頭独裁政治よりは、まだマシだと考えていた。

クセノフォーンに拠ると、「ソークラテースは国家の認める神々を信奉せず、かつまた新しい神格を輸入して罪科を犯している。また青年を腐敗せしめて罪科を犯している」（佐々木　理《ただし》訳）と、メレトースは甲高い声を張り上げて訴状を読み上げ、死刑を要求した。

次に弁護人として、富裕な皮革商で民主政権の首班のアニュトースと弁論家つまりソフィストのリュコーンがメレトースの告訴を支持する演説を行なった。

告訴人の挙げる二つの訴因はいずれも漠然としていた。告訴人は、ソクラテスのいつのどの具体的な行為が、国法に反しているかに一言も言及していない。

彼らは、ソクラテスが新しい神格を導入して昔しながらの神々を冒瀆《ぼうとく》して神徳を穢《けが》した、知徳のない者を馬鹿にし、籤に当たった市民が誰でも役人になって市政に携わるのは愚の骨頂だと若者に説き、そんな彼らが市政をやり損なったら、船長や大工の仕損じより禍《わざわ》いや被害は莫大であると、ソクラテスは国事に携わる者を扱《こ》き下《お》ろしていた。今時の詩人は自分の書いた詩句の意味を知らぬと悪口を吐いていた。だから、彼らは、ソクラテスの粛清を謀っていた。

ソクラテスは弁明演説の前段で、告訴した者には2種あると指摘した。さっき告訴したメレトースらがその一方に居て、それ以前から長年に亘《わた》って告訴を謀っていた一派が他方に沢山居ると指弾した。

この後者こそいっそう怖るべきである。彼らの名前を知ることもできず、言うこともできないから、ここに出頭してもらうわけにもいかず、直接反駁《はんばく》することもできない。かれらは姿を見せないから、まるで影と戦うようなことをしなければならず、誰も答弁してくれないのに、反駁を加えなければならない」「そして諸君が長い時間をかけて抱いたその中傷を、こんなにも短い時間で諸君から取り除くことを試みなければならない」（山本光雄訳）。

ソクラテスは容易に無罪を勝ち取るか罰金刑で済ますことができるはずだった。「アテナイの陪審員は美辞麗句や憐憫の情に弱いことで悪評が高かった（イシドア・F・ストーン『ソクラテス裁判』一九八八年永田康昭訳）。

ところが、ソクラテスの口調は横柄で、自画自賛し大言壮語し高慢であった。ソクラテスは「法定で自らを褒《ほ》め称えることによって自分の方から反感を買って出、陪審員たちがより確実に自分をにするように仕向けた」（クセノフォーン『ソークラテースの思い出』）。

小さな円い青銅版で投票が行われ、有罪が２８０票、無罪が２２０票で有罪に決まった。鈴が鳴って、原告の要求した死刑に対して、被告が適当と考える刑罰を申し出る時刻となった。

アテナイの法律では陪審員は彼ら自身の判断で刑罰を決めることができなかった。原告側が提示した刑罰か、弁護側が提示した刑罰か、そのいずれかを選択しなければならなかった。

ソクラテスは、投票結果は予期しない僅差で、30票が反対側に投じられれば、無罪になっていたから、罰金を払えば無罪放免されるだろう、しかし、私にはその金が無いから、諸君が払ってくれれば、その額での罰金刑を求めたいと述べた。

そこで、ソクラテスの弁護人たちが銀30ムナを保証するからと、その額での刑を求めた。すると、傍聴席から「陪審員を馬鹿にするな」などとブーイングが起こった。

再び、鈴が鳴り、原告メレトースの求刑どおりの死刑か、被告ソクラテスの要求する罰金30ムナか、を決める投票が行われた。結果は、死刑360票、罰金刑140票で死刑判決が下った。第1回投票で無罪に投じた陪審員のうちの80人が今度は死刑と判定したことになる。

アテナイは言論の自由で名を馳せている国だった。反対できる自由こそが言論の自由の理念なのだ。当のアテナイは言論の自由を行使したという咎《とが》で一人の哲学者を死刑に処した。

日本の権力構造に詳しいオランダのジャーナリストは、日本の権力者は「姿を見せない」と書いた（カレル・ヴァン・ウォルフレン『日本／権力構造の謎』一九八九年）。

言論の自由を伝統とするアテナイが非アテナイ化していた。ソクラテス告発の主謀者らも「姿を見せない」。彼らは姿を見せずにソクラテスを誹謗中傷した。

プラトンは対話篇『クリトン』の中で、ソクラテスに「（私は）法律によってではなくて人間どもによって不正を受けたものとして立ち去る」（山本光雄訳）と言わせて、民主制に失望を表わしている。

ソクラテス死後のかなりの期間、ソクラテス哀悼あるは擁護の気配はなかった。ソクラテスはプラトンの「アカデイミア」以外の場所で崇拝の対象にはならなかった。

「アリストテレスにはソクラテス崇拝の姿勢は微塵も見出せない。彼はソクラテスについてしばしば言及しているが、むしろその見方は厳しく冷ややかで、裁判についても彼は一言も言及していない」（ストーン『ソクラテス裁判』）。

ソクラテスの記憶が畏敬の念を呼び起こしたのはプラトンの対話篇であり、それもローマが帝政期に入る頃である（ストーンの同著）。

第3講

全体主義体制下のマインド・コントロール

解題

足尾銅山の鉱毒事件で民衆の先頭に立って闘った田中正造は「個人の幸福が集まって国家の利益となる」という言葉を残した。今の日本はその逆方向の全体主義の道を歩み始めている。

全体主義（ファシズム）は、個人を構成する部分であるとし、個人の全ての活動は、全体の発展と福祉のために行なわなければならないとする主義主張である。

従って、自国や自民族の優位性を唱える偏狭なナショナリズムに奔り、個人の自由や権利を封殺し体制翼賛のマインド・コントロールが行なわれ、自衛と称して軍事力を増強する侵略主義に陥る。

すると、国民はお上に盲従する生活保守主義に陥る。チェーホフの短編小説『箱に入った男（Человек в футляре）』の主人公べーリコフのように自分の「殻」に閉じ籠るだけでなく、他人《ひと》の私生活に干渉し「お上」に「ご注進」するまでに及ぶ。

全体主義体制下では、関東大震災下の自警団や新型コロナ期の「自粛警察」のような過激なマインド・コントロールが日常化しかねない。日本は今、デマゴーグ的な政治屋が横行跋扈《ばっこ》し、民主政体が衆愚政に移行し全体主義体制への道を歩んでいる。

✎べーリコフ的人間　アントン・P・チェーホフ『箱に入った男』から

ロシアの町では教育者は相対的に強い影響力があり、町全体のモラルや文化生活のあり方を左右するほどの力があった。当時、リベラルな考え方や自由奔放な生き方は疑惑の目で見られていた。

べーリコフは8年生中学校《ギムナージア》のギリシャ語の教師だった。べーリコフは万事が杓子定規で用心深かかった。「彼はいつでも、どんな晴天の日でもオーバーシューズをはき、こうもり持参で外出する。そしてかならず綿入れのコートを着込んでいるということで有名でした」「こうもりには袋をかぶせ、時計は黄色い皮袋に入れ、鉛筆をけずろうとしてナイフをとりだすのを見ると、ナイフが小さなサヤに収まっている、というわけです。顔さえ袋に入っているようでした」。

小心翼々なベーリコフは自分の「殻」に閉じ籠るだけでなく、同僚の私生活や行動にまで監視の目を光らせ、自分の考え方の枠から外れた行為を校長や視学官などの上司に「申告」しかねない男だった。

コワレンコというウクライナ人教師の姉のワーレンカと結婚しかけたが、破談になった。ベーリコフはコワレンコとワーレンカが自転車に乗るのを気にかけていた。中学校の教師や女性が自転車に乗るのは不謹慎なこととされていたからだ。

ある日、ベーリコフは、校長や視学官に「申告」しかねない口調でコワレンコを咎《とが》めた。激怒したコワレンコはベーリコフを「密告者」と罵《ののし》り、階段から突き落とした。幸い、骨折には至らなかったが、カーテンを閉め毛布にくるまって寝込み、ひと月後に亡くなった。

「柩《ひつぎ》に横たわった彼の表情はおだやかで心地よさそうで、楽しげですらありました。まるでここからは永久に外へ出なくてもいいという箱におさまったのを喜んでいるようでした」。

町には一週間も経たないうちに元どおりの生活が流れ始める。「今までと同じような陰気で重苦しくて愚かしい生活です。通達で禁止されてはいないが、さりとて完全に許容されたわけでもない生き方ですね。前よりマシとはいきませんでした。実際、ベーリコフは葬ったけれども、箱に入った人間はのこりました。これからもなくならないでしょう」（中村喜和《よしかず》訳）。

チェーホフは、ベーリコフを当時の社会と時代の雰囲気を表わす典型的人物としてロシア官僚主義を風刺し、レーニンは「ブルジョア・インテリゲンツィヤ中ののらくら者」と解したという。

（二）「国民精神総動員運動」下の日常

※戦前戦中、「お上」は、「教育勅語」で国民から「抵抗権」を奪って皇民化し、「戦陣訓」で兵士から「抗命権」を奪って彼らを死地に送った。
日本国民は「お上」にマインドコントロールされ、日清戦争から太平洋戦争まで一〇年ごとに大きな戦争に駆り出された。

◎戦時中の息詰まる日常

日本の一般国民は一五年戦争中、窮乏生活を強いられた。日中全面戦争が長期化すると、総力戦を勝ち抜くために、「お上」は庶民に「節約する生活」を強いた。

第一次近衛文麿内閣は昭和一三年（一九三八）年三月、「国家総動員法」を制定し、政府が国家の全ての物資、人員、社会思想を総動員し、統制し運用できるようにし、国民を一致団結させる「国民精神総動員運動」を展開した。

「お上」は「贅沢《ぜいたく》は敵だ」とのスローガンで「贅沢全廃」を奨めた。「愛国者」は街で豪華な着物や派手な洋服を身に着けた女性を咎め、説教し、美容院の前に立ってパーマをしないよう警告した（井上寿一『理想だらけの戦時下日本』）。「精動運動」は都市部で振るわなかった。

しかし、運動は形式化し、運動の精神は形骸化していた。規制は「二重基準《ダブルスタンダード》」で、いい加減だった。慰安鉄道旅行も仕事のついでなら認められ、娯楽目的のスキーも健康増進のためなら、奨励された（『理想だらけの戦時下日本』）。

「精動運動」本部理事会は一九四〇年一〇月、解散を決議した。

行き詰まった「精動運動」を発展させるために近衛第二次内閣は同年一〇月、「大政翼賛会」を発足させた。共産党などを除いて全ての政党が自発的に解散し、「翼賛会」に合流し、昭和二〇年六月一三日まで存在した。「大政」とは天下国家の政治の意、つまり「天皇陛下のなされる政治」の美称。「翼賛」とは「力を添えて天子を補佐する」意である。

東條ファッショ政権は昭和一七年四月の「翼賛選挙」後、「非推薦」で当選した議員にも「翼賛政治会」への加入を強要した。

しかし、ドイツ・ナチズムとイタリア・ファッシズムを真似たもので、日本の伝統・気風や生活様式に馴染まず、日本はファッシズム国家にはなれなかった。

望むと望まないとにかかわらず、戦争が始まったからには、反対だった人々も、勝つために戦争協力をすることが「国民の義務」だとマインド・コントロールされ、協力する者は「愛国者」、拒否する者は「非国民」とされた。日本軍将兵に性サービスする「慰安婦」は「娘子軍《じょうしぐん》」と呼ばれ、「愛国者」に仕立てた。

日本の軍部政府は一般国民に、敗戦の日まで息が詰まる非常時生活を強いる一方で、政治プロパガンダで国民をマインド・コントロールし、「アジア新秩序の建設」の名の下に「国民的熱狂」を醸成し、国民を満洲開拓に動員した。

◎満洲開拓移民

農業労働人口が増え、耕作地が少なければ、海外に耕作地を求めるのが手っ取り早い。耕作地が拡大し、北辺の防備にもなれば、政府軍部にとっては一石二鳥。

一五年戦争中、政府軍部は単純化した国策で、農民をマインド・コントロールした。その末路の悲惨な例が満洲開拓移民政策。政治言語のロジックとレトリックで国民を欺き、数万もの犠牲者を出した。

開拓移民政策は北辺の安寧を急務とする陸軍と農村救済を急務とする政府の合作である。農村官僚、農業経済学者、農本主義者らがこの国策を推進した。

一九三一（昭和六）年九月一八日の満洲事変前から、「満蒙は日本の生命線」と唱えられていたが、事変後、新聞雑誌は「満洲は日本の土地だ」と主張するようになり、そんな認識が日本国民の間に拡がっていった。

事変当時、「満洲」と呼ばれた中国東北部に在住していた日本人は約23万人で、全人口3千万に対して1％弱で、大半は満鉄社員や満鉄関連会社社員とその家族だった。満鉄初代総裁の後藤新平は満洲における日本人の増加が今後の満洲経営に不可欠であると唱えていた。

●疲弊した農村

農村人口は増加の一途を辿り、国内農地の拡張は限界に達し、農村の労働力を国内農業だけで吸収するのは困難になっていた。中小農家の次男三男には耕す土地がなかった。

山形県東村山郡大郷村［現・山形市］の農家出身の角田《すみた》一郎は、一九二五年に病のため中佐で退役して郷里で農業経営の改革に取り組みながら、農村危機の打開策として満洲への集団武装移民を構想し、一九三一年一一月に「満蒙経営大綱」という満洲移民策を書きあげた。

因みに、山形県と満洲とは縁が深い。満洲事変の立役者の石原莞爾は鶴岡出身。満鉄沿線を警備し事変の実働部隊となった独立守備隊第1、第5大隊には山形県出身の兵士240人が所属していた。事変が拡大すると、山形連隊からさらに1個大隊が出征した。政府の不拡大方針とは逆に庶民レベルでは戦意が高揚していった。

角田は陸軍に直接働きかけを図ったが、陸軍中央は満洲移民に否定的だった。

●農本主義者と農林官僚の満洲開拓移民論

困った角田は茨城県友部町［現・笠間市］にあった「日本国民高等学校」（一九二七年創立）の校長・加藤完治に頼った。加藤には山形県自治講習所長として農村改良運動を指導した実績があった。

加藤は那須皓《しろし》らと中小農家の保護など農村問題をテーマにした勉強会を開いていた。

加藤は、当時は専攻する学生が少なかった農業経済学を専攻。一期上にはのちに満洲移民政策を主導する橋本傳左衛門、小平権一、有馬選頼寧《よりやす》らがいた。

卒業後の一九一三年、愛知県立安城農林学校の教師になり、校長の山崎延吉《のぶよし》から実践的な農業経営のノウハウを学んだ。

一九一五年、山形県に農民子弟の実習機関である自治講習所が開設され、加藤はそこの所長として迎えられ、荒れ地で開墾を始めた。加藤は農林省に出向いた折り、当時、副業課長だった石黒忠篤と意気投合する。石黒は農林次官に昇進し、農山漁村経済更生運動の実現を図った。五・一五事件後の斎藤実《まこと》内閣で、石黒と大学同期の後藤文夫が農林大臣、石黒の腹心の小平権一が農務局長、小平と同期の有馬頼寧が農林政務次官に就いた。石黒はのちに「農政の大御所」と呼ばれた。

この時期に加藤は筧克彦《かけい》の国体論に感化され、天皇中心主義と農本主義を結合させ、精神論に傾倒して行く。天皇の下で民族の相違や対立は克服できるというロジックで、加藤は目を満洲に向けた。「五族協和」「王道楽土」の構想である。加藤は「満蒙開拓の父」と呼ばれた。

しかし、京都府では満洲熱が盛り上がらなかった。京都府は一九四〇年一月、天皇を「御旗」に「皇紀二千六百年記念事業」として「満洲天田郷」建設を正式決定した。しかし、同年四月、先遣隊に9人しか集まらなかった。後続者も少なく、四一年五月までに漸く38人の入植者を確保した（二松《ふたまつ》啓紀《ひろき》『移民たちの「満州」満蒙開拓団の虚と実』二〇一五年106頁～125頁）。京都府は京都府初の満洲分郷移民の「模範」として喧伝した。

角田は山形自治講習所長だったことのある加藤を訪ね、加藤は農林次官となった石黒に角田を紹介すると、角田の満洲移民策に関心を示し、さらに加藤は東京帝国大学農学部教授になっていた同期の那須皓を石黒に紹介した。

●関東軍の満洲移民計画

消極的だった陸軍中央とは逆に、満洲事変を起こした関東軍は早くから満洲移民計画の具体化を検討していた。

一九三一年一二月に関東軍統治部が立案した「満蒙開発方針」で満洲への日本人移民奨励策を掲げ、これに基づき翌三二年一月に関東軍の板垣征四郎高級参謀が陸軍中央に満洲移民の意見具申をした。満洲事変の首謀者の石原莞爾参謀は「満蒙領有論」から「満蒙独立論」に転じ、満洲国建設に当たっては日本人移民が必要であると認識していた。

一九三二年一月一五日から関東軍統治部で「満蒙ニ於ケル法制及経済政策会議」が開催され、二六日には諮問会議の「産業諮問委員会」で移民問題が取り上げられた。

諮問委員の那須皓は多数移民の積極的な移民論を唱えた。那須の先輩で京都帝国大学教授の橋本傳左衛門が観念論的な那須の主張をより具体化して那須を後押しし以後、委員会を主導した。橋本はブラジル移民のように「日本人ヲ捨テニ行ク」のではなく満洲で日本人を増やさなければならないと主張した。加藤完治委員は、在郷軍人や除隊兵の他に農家の次男三男を教育して集団で満洲へ送り出すべきだと主張した。彼らの意見がそのまま委員会の結論となり、日本政府と満鉄、民間出資の移民会社を窓口にした「普通移民」と北満への「屯田兵制移民」の二本柱の「移民要綱」が作成された。関東軍は一九三二年九月一三日、「満洲における移民に関する要綱案」を策定した。

東宮鉄男大尉は満洲国軍政部顧問として北満で「匪賊」の掃討作戦を指揮していたが、事変当時の関東軍の兵力は2万人にも満たず満州国軍は寄せ集めで軍事能力は低劣で、掃討には兵力が足りなかった。そこで東宮は三二年六月、屯墾軍計画を石原参謀に意見具申した。兵力不足を補うために日本の在郷軍人約３００人からなる屯墾軍混成大隊を編成し、ソ満国境に近い地域に永久駐屯させ、その庇護の下に朝鮮人あるいはできれば日本人を移住させるというものだった。

一方で、移民事業を管轄する中央官庁として「拓務省」が一九二九年六月、設置されていた。加藤完治は移民計画の閣議決定を見越して、移民送り出しのための訓練所建設を具体的に進めていた。拓務省の依頼で加藤が訓練所建設用地を調べに渡満していた。石原の仲立ちで加藤と東宮が会談し、加藤らの移民計画と東宮案が合体し、関東軍が全面的に後押しする武装移民計画へと進展することになった。

農林省は「経済更生計画」で農村立て直しを図っていた。経済更生部長の小平権一は関東軍顧問として満洲国の農業政策にも関与していた。

農林次官を退任した石黒忠篤が理事長となった「農村更生協会」では農家適正規模論を基にした分村計画を構想していた。

満洲開拓移民政策に参画した者たちは農村出身ではなかった。三重県の農村出身の農業経済学者の東畑精一は彼らの学問を「銀座の農政学」と皮肉った。

●試験移民

関東軍と拓務省とが連携し、それを陸軍中央が追認し、在郷軍人会が後押しする軍事色の強い試験的な武装移民が始まった。

３週間の訓練を経て、一九三二年一〇月三日、第一次試験移民として４２３名が満洲の最初の入植地の佳木斯《ジャムス》へ渡った。ジャムスは入植地確保が比較的容易だったからだが、周辺の治安は極度に悪化していた。佳木斯の市街地を匪賊が襲い、団員に死傷者が出た。団員の遺骨は貨物扱いされた。加藤は講演会で「入植後3年で自作農になれる」と語ったが、加藤と東宮の主導した試験移民は非現実的で無謀なものだった。移民は月給１００円、2年後には報酬として15町歩の土地が貰える、留守宅には補助金が支払われるなどの好条件だったが、出発時に20円の陸軍払い下げの古着を支給され、渡満後は牛馬の飼料代1日18銭より劣る1日17銭弱の粗食に耐え、雨露も凌げない粗末な家屋に起居しなければならなかった。現地民には「屯匪」と呼ばれ忌み嫌われた。

退団者は60名に及んだが、隠蔽され、一九三三年七月五日、第二次試験民団が送り出された。そんな現地民との軋轢から、一九三四年二月、土竜山事件（依蘭事件）が発生。依蘭県第３区の住民３００余人に近隣住民や馬賊も加わり、３千余人の叛乱軍となり、説得に赴いたジャムス駐屯の日本兵21人全員が三月一〇日、戦死した。

満洲事変後、満洲ブームが起き、日本内地から自由移民団が相次いで渡満したが、計画性のない渡満で、瞬く間に破綻していた。

軌道に乗ったのは天理教移民と天理園移民団だけだった。彼らは資金潤沢で、学校、派出所、診療所、共同浴場などの公共施設を整備し、短波無電機や電話、電灯も付設し、ハルビンから20㎞の軽便鉄道も敷設されていた。

「満鉄」が鉄道警備隊の補助として鉄道沿線に建設した「鉄道自警村」は一九三七年までに23カ村を数えたが、一九三八年以降、新規の創設は中止になった。

政府は自由意志で渡満する「自由移民」を厳しく取り締まり、世論をコントロールし、国家主導の「国策移民」に転換させた。

●「移民」から「開拓民」へ用語変更

「満蒙開拓団」とは、一九三二年度の第1次から四五年度の第14次に至るまでの、日本国内から満洲に渡った農業移民の総称とされている。

「移民」とは、経済的な理由で国家間を移動することだが、「開拓」と言えば、未開地を開墾するという印象を与える。

移民団体関係者から「移民なる名称は満洲移民の実態を表現する適語ではない」という意見が出たとして、一九三九年一二月の「満洲開拓政策基本要綱」以降、「開拓」が公式に用いられるようになる。「移民」は「開拓民」と「開拓農民」に、「移民団」は「開拓団」に、「移民地」と「移住地」は「開拓地」に、「移民政策」は「開拓政策」に改められた。

さらに「開拓団は規模によって、「集団」（２００ないし３００戸）、「集合」（30ないし１００戸）、「分散」（小戸数）に分類された。

実態は「開拓民」ではなく「移民」であり、地元民の耕作地を強制買収し収奪する実態を隠蔽する狙いがあった。

「試験移民」は一般農民ではなく在郷軍人の中から志操堅固な者を選抜すれば北満の厳しい環境にも耐えられるという根拠のない精神論に基づくものだった。

移民団は、軍隊をモデルとして、出身県別に大隊、中隊、小隊に編成され、大隊長と中隊長は拓務省嘱託で、農事指導者と医師も拓務省嘱託で配属された。

●本格移民と百万戸移住計画

拓務省は一九三四年一〇月の第3次移民団から団員に在郷軍人以外の一般農民も加え、妻帯者であることを前提とし、「屯墾隊」という武装移民的要素を一掃し「普通移民」への転換を図った。関東軍も一九三四年一一月、「満洲農業移民根本方策案」を策定し、「試験移民」から「本格移民」へと拡大を目論んだ。第4次移民からは対象を全国に拡大し、府県への割り当ても行なわれ、地方各県からも移民割り当ての声が相次いだ。

第4次移民団の募集対象者は、満33歳までの農民で既婚を原則とし、労働可能な家族が多ければ多いほど良いとされた。さらに、渡満の供託金として1戸当たり30円と入植後1年間の小遣金が準備できる者に限られた。

第5次移民からは「試験移民」を「集団移民」と改称。一九三五年以降、「満鉄経済調査会」の移民政策関与は後退し、拓務省は20年間に100万戸を送り出す「百万戸移住計画」を提議し、一九三六年八月、「満洲農業移民百万戸計画」が可決され、三七年度から開始した。しかし、入植に必要な1000万町歩の用地が確保されていなかった。

一九三六年当時の日本の総人口は約七〇〇〇万。満洲移民100万戸を500万人と換算すれば総人口の約7％で、日本人100人に付き7人が満洲に渡ることになる。

●経済更生計画と分村計画の結合

農山漁村経済更生運動は一九三二年頃から始まっていた。経済更生運動も満洲開拓移民も農村問題の解決を図る点では一致していた。

一九三五年に創設された「農村更生協会」［理事長は石黒忠篤］と農林省は「分村移民」運動を進めていた。新規の耕作地拡大が望めない以上、現戸数の半分を移民として村外に送り出せば残った各戸の耕作面積は2倍になり「黒字農家」になる。

移民とは、農村の「食い扶持」を減らす「間引き」。「余剰人口」が満洲に渡れば、母村も分村も潤うというロジックだ。

農家が農業で自立するには少なくても1町歩が必要だとすると、総戸数200戸の村の適正耕地は200町歩。ところが村に耕地が100町歩しかないとすると、100戸が過剰戸数で不要になる。しかし、移民が残した耕地は僅《わず》かだった。送り出された移民は耕地を持たない次男三男か零細農家だった。その残された僅かの耕地も、地縁血縁で処分され適正に配分されなかった。

移民は出稼ぎではない。分村移民は出征兵士のように晴れがましく送り出されたが、満洲に骨を埋める覚悟。帰村は許されない「棄民」。村には「排除のロジック」が通底していた。

分村移民を決めた町村には特別助成金が下りる。農林省は一九三八年度より助成を開始し、翌一九三九年度には指定町村は456カ町村を数えた。

長野県南佐久郡大日向《おおひなた》村の分村は、その成功例として大いに喧伝された。一九四〇年度には分村分郷の割合が全移民団の80％を超え、最終的には分村180団、分郷183団になった。

「日独防共協定」調印後に、原節子主演の日独合作映画『新しき土』が制作された。鍬を握ったこともない良家の子女が満洲に渡るという筋書きの国策映画である。

農民文学者の和田傳《つとう》が満洲大日向村で4日間、現地取材して臨場感ある小説『大日向村』（一九三九年）を書きあげた。満洲分村移民を絶賛する国策便乗小説である。

●満蒙開拓青少年義勇軍

日中戦争が泥沼化するに連れ、満洲農業移民の確保が困難になると、関東軍は有事の際の兵力補充の観点から青少年を対象にした満洲移民を計画した。

石黒忠篤、那須皓、橋本傳左衛門、加藤完治ら6人が連名した「満蒙開拓青少年義勇軍編成に関する建白書」を、一九三七年一一月三日付で政府に提出、近衛内閣は同月三〇日、閣議決定した。

義勇軍の対象は概ね16歳から19歳で、一九三八年度は5万人［のちに3万人に修正］送出を予定。内地の送り出し機関で3カ月間、満洲の現地訓練所で約3年間、農事訓練と軍事訓練を受けた後、北辺の開拓地に入植する。

義勇軍送出が決定すると直ぐに、「更生協会」の職員が各地に飛び大々的に展開し、職員1人に付き30人確保のノルマが課された。しかし、当初は応募者が予定人員を超えたが、ジャーナリズムが「第二の屯田兵」と書き立てたため応募者が激減。困った拓務省は文部省を通じて地方長官や学務部長に通達を出させ小学校や青年学校などから志願を募った。校長に志願者の割り当てをした県もある。

だから、実際に部落を歩き廻って応募を説得したのは学校の教員だった。渡満後に辛い屯田生活に直面して「先生に騙された」と教員を怨んだのは当然である［戦後、教職員組合は「教え子を再び戦場に送るな」をスローガンにした］。

隊員を志望する少年は大抵、「高等小学卒」か「青年学校中退」で、年齢は「17歳」がほとんど。「三反百姓」とか「五反百姓」と呼ばれる貧農か、田畑を持たない小作農出身で、二、三年、家の仕事を手伝っても自立できないと悟った次男三男だったからである。彼らは村を出るしかなかった。

加藤完治は茨城県内原に大規模な義勇軍訓練所を建設し、精神教育で義勇隊員に絶大な影響を与えた。

少年たちは小屋のような円形の「日輪兵舎」に押し込められ一人当たり一畳ほどのスペースで起居した。食事は極端に少なく不味《まず》かった。

関東軍としては徴兵適齢期前の青少年を入植させ、将来的には現地召集して現地部隊に入営させる算段だった。義勇軍開拓団の規模は300名、200名、50名と均一ではなかったが、最も多かったのは訓練所での「中隊」300名規模の集団だった。71の義勇軍開拓団が編成された。

ソ連軍は満洲北東部から侵攻すると予想され、敗戦までに約6万4500人の青少年が北東部のソ満国境沿いの屯墾と防備に送られた。

日本式農法は満洲の土地には歯が立たなかった。精神主義の加藤完治は「天地返し農法」を推奨し、満洲式粗放農業にもアメリカ式機械農法にも反対した。義勇軍の隊員たちは「蒔けば減る義勇隊農法」と自嘲した。

開拓農業訓練所は昭和一七年夏ごろから日本式の大陸農法である北海道農法の講習会を開いて実験をしてみると、すこぶる好成績だった。各地の開拓団の営農成績は格段と上がった。

昭和一八年（一九四三年）以降、約70の「満洲報国農場」が設けられ、一九四四年には東京農業大学の学生を含む計６１４６名［約４６００名とも言う］が実習生として派遣され、その多くが国策と戦争の犠牲になった。「満洲報国農場」の立役者となったのは、橋本傳左衛門の弟子でマルクス主義から転じソ連のコルホーズを痛烈に批判した杉野忠夫である（『農学と戦争　知られざる満洲報国農場』二〇一九年）。

昭和二〇年になると、ソ連軍の侵攻が噂《うわさ》された。集団脱走する義勇隊員も出てきた。ア森出身の隊員がせめて郷里で死にたいと青森に逃げ帰ると、「家の恥だから戻れ」と言われたという（二〇二三年八月一日付『朝日』「声」欄）。留守家族も国策でマインド・コントロールされていたのである。児童文学者の上笙《かみしょう》一郎《いちろう》は犠牲者を２万４２００人と推定している（『満蒙開拓青少年義勇軍』一九七三年）。

●開拓移民政策の変容と破綻

第1年度（一九三七年）から第5年度（一九四一年）の5年間移民総数は集団移民7万戸と自由移民3万戸に義勇軍を加えれば、最後の帳尻が合う計算である。

満洲移民政策は「民族協和」の理想とは矛盾するものだった。日本人入植地に現地民が点在している場合、「積極的ナル助成補導」を講じ「移転セシメルヲ原則」としていた（「満洲開拓政策基本要綱」）。つまり現地民の「立ち退き」であって、「日本人移民ヲ中核トスル民族協和ノ達成」どころではなかった。

土地買収が徹底し、太平洋戦争が始まる一九四一年一二月には満洲全土の十数%に相当する約20万平方kmの用地を強制買収、獲得し、日本人開拓民に対する割り当てが1戸20町とすれば、ちょうど

100万戸分を確保した計算になる。日本人開拓民が不足し、買い上げた土地を現地民に耕作させる事態になった。つまり土地収奪しすぎたのである。

満洲移民政策は戦況の悪化から、変容を余儀なくされた。「農業移民」に加えて、林業、牧畜、商工鉱業などの特定の技能を活かす「産業移民」も実施された。特に日中戦争以降、軍需産業に押され中小商工業は転業を余儀なくされ、転業の受け皿として満洲移住が注目を浴び、「転業者開拓団」が送り出された。

独身の団員に結婚を薦め、集団見合いも行なわれた。「花嫁」「寮母」「女子義勇軍」などと、女性の移住も推進するようになり、「女子拓務訓練所」が設置された。満洲には「開拓女塾」が16カ所に設置し、配偶者となって入植する女性の生活訓練を行なった。大抵が零細農家の娘で、欠損家庭や離婚経験者。日本内地は住み難《にく》く満洲に行けば何とかなると考える女性が多かった。

満洲国を「五族協和」の国たらしめるならば、中国農民の娘を団員や隊員の嫁にと考えてもいいはずだが、民族の境を越える政策を採ることはなかった。

開拓民の不足が顕在化すると、被差別部落民や空襲罹災者の開拓移民も進められた。

国策というものは常に「下から上」をタテマエとして実施されるが、実際、地方からも「官製移民」の割り当てを求める声があがった。都道府県によって満蒙開拓事業という国策に対する対応は異なるが、地方府県は移民送り出しを競った観がある。県からの指示で、村内から零細の小作農をかき集めて「分郷」を計画した。

満蒙開拓団と満蒙開拓青少年義勇軍を合わせた総送出数では長野県が1位で3万7859名。47位で１４４７名の滋賀県の場合、大半は義勇軍で、開拓団は93名にすぎない。京都府では数合わせに終始した。当初、送り出しがスムーズではなかった高知県は「特別指導郡」に指定され、敗戦までに開拓団９１５１名、義勇軍１３３１名、全国で10位、四国では第1位になった（二松啓紀１０８頁～１２８頁）。

●国策推進の果てに殉難

大東亜省は敗戦1カ月前の七月二日、「内地大陸間航路遮断乃至《ないし》至難ノ情勢ニ鑑ミ満洲開拓民ノ送出ハ原則トシテ一時之ヲ中止ス」ることを決定した。

開拓団から青壮年男子を根こそぎ召集した。同時に老幼婦女子の南満への避難計画は立案途中で敗戦を迎えた。

満蒙開拓移民は農業更生と北辺防衛の一石二鳥の国策。中小零細農家は政府宣伝にマインド・コントロールされて国策に乗り、棄てられ、惨劇に遭った。

昭和二〇年八月のソ蒙軍の満洲進攻時の在満居留民は１３２万人余りで在満日本人開拓民の総数は凡《およ》そ27万。引揚げの第一列車には緊急集合が可能だった軍と「満鉄」含む官の家族を乗せて予定より遅れて八月一一日午前一時四〇分、新京を出発した。残された一般邦人は徒歩で避難。途中、現地人やソ連軍に襲われ戦死、自決、病死、餓死、凍死した人は約７万８５００人で、３人強に１人の割合で死亡している。

満蒙開拓移民団は「国策の犠牲者」ではあったが、犠牲者自身が「国策に騙された」と言えば、思考は停止する。被害と加害は混在する。

●農本主義者と農学者の戦後

国策として満洲開拓移民を推進した加藤完治や橋本傳左衛門らは戦時中の責任を自覚することなく連続した認識のまま戦後も生きた。

・戦後の加藤完治

青少年を「鍬の戦士」として満蒙に送り出し、2万4200人もの犠牲者を出した「開拓の父」加藤完治は戦後も相変わらず天皇制農本主義者であった。

昭和二〇年八月一五日、内原訓練所の大食堂に加藤所長はじめ所員、訓練生全員が集まって玉音放送を謹聴した。日本の無条件降伏を知ると、加藤は所長室に立ち戻り、久しく号泣した。所員も訓練生も、加藤が自決しはしまいかと心配し、ひそかに身辺を警戒した。しかし、加藤は自決しなかった。一六日午前中は引き籠って、終戦の御詔勅を繰り返し繰り返し拝読した。加藤は「万世ノタメニ太平ヲ開カント欲ス」との御言葉に大御心を明瞭に推察できた。これまでは満蒙開拓に青少年義勇軍を送り出しアジア侵略戦争を遂行することが大御心に副《そ》うと信じていたが、「今後は真剣に世界平和の使徒として、日本国民の本分を固く決心」した。

加藤は敗戦後もなお加藤を慕う幹部訓練生60名を引き連れて、福島県西白河郡西郷村の荒蕪地に入植して逼塞生活を送った。

昭和二五年に朝鮮戦争が始まると、公職追放も解除され、「過去の事は過去のこととして懺悔《ざんげ》すれば足りる」と公言し、「日本高等国民学校」という校名を転倒させた「日本国民高等学校」の校長に復職した。昭和三五年には茨城国際農業研修所の実質的な所長に就任した。

昭和四〇年四月の皇居園遊会には農林業功績者として招待され、昭和四二年三月三〇日に肝臓ガンで死去した。一度たりとも懺悔した形跡がない。

・戦後の橋本傳左衛門

加藤完治の農本主義に共鳴した橋本傳左衛門は満洲開拓移民推進派の論客として、京大農学部教授と兼任で「満洲国開拓研究所」の所長を務め、「国際反共連盟」の初代京都支部長にも就任した。

橋本は農村と農民に害をもたらすという理由で資本主義を批判した。市場経済のルールに合った大農経営よりも小規模な家族経営を重視した。

橋本の小農主義推奨はロシアの農業経済学者のアレクサンドル・チャヤーノフの影響を受けていた。チャヤーノフは家族構成と疲労度に基づいて経営目標を定め、農民の「感情」を軸に農家経営を論じた。つまり「家族が養える程度に働いたら、あとは働かない」小農経営で、橋本の言葉を借りれば、「どうにか食って行けさえすれば、それ以上骨を折って働くには及ばない」という禁欲主義である。

橋本らは、田植え歌や稲抜き歌などの労作歌を「怠惰」と批判し、農作業の徹底的な純化を主張した。二宮尊徳のように「勤勉」な農民を理想とし、二宮の報国主義に共鳴していた。

チャヤーノフの理論は「怠惰」なロシア人を対象にしているが、日本人は勤勉な民族であるから、ある程度疲労しても所得を最大限に増やすために勤勉に働くと説いた。

橋本は一五年戦争中、「私益」を優先する農業経営を激しく批判し、戦後の一九四七年の京大最終講義では戦中を「私経済学の受難時代」と総括した。橋本は己《おのれ》の過去の言説に封印し、価値意識が変容することはなかった。

日本の農政発展に尽力し、優秀な学者や農林官僚を多く育てた教育者として「旭日重光章」を授賞した。

☹天皇に謝罪する被災民

作家の堀田善衛は一九四五年三月一八日朝早く、東京大空襲の焼け跡を見に出かけた。九時すぎかと思われる頃、自動車、ほとんどが外車である乗用車の列が永代橋の方向から現れた。そして「小豆色の、ぴかぴかと、上天気な朝日の光りを浴びて光る車のなかから、軍服に磨きたてられた長靴をはいた天皇が下りて来た。大きな勲章までつけていた」。

すると、焼け跡を掘っくりかえしていた男女が集まって来て、「もっていた鳶口や円匙を前に置いて、しめった灰のなかに土下座をした」。これらの人々は「涙を流しながら、陛下、私たちの努力が足りませんでしたので、むざむざと焼いてしまいました、まことに申し訳ない次第でございます、生命をささげまして、といったことを、口々に小声で呟いていたのだ」（堀田善衛『方丈記私記』）。

翌日の「朝日新聞」は、「御徒歩にて焦土を巒はせ給ふという大きな見出しを掲げ、写真入りの記事を載せ、第一面のほとんど全面を占めた。「巒」という字は「みそなわす」と読み、天皇だけに対して用い、「ご覧になる」の雅語的表現である。

コロナ禍終息後にコロナ禍が長引いたのは、私たち日本国民の「努力が足りなかった」からだと、「お上」に懺悔などしてはいけない。「お上」が政治的に歪めたメッセージに染まってはならない。

（二）ナチスドイツのマインド・コントロール

解題

・ナチズム（Nationalsozialismus）は「国家社会主義」と訳されることもあるが、本著は「国民社会主義」とする。

「国家社会主義」と訳すと、「国家主導の社会主義体制」という別の意味になってしまい、旧ソ連や東ドイツのように、国家権力が生産手段を国有化する社会主義体制を指すことになるからである。

「ナチズムは国家ではなく・国民・民族を優先する思想です。国家はヒトラーにとって、国民・民族に仕える道具でしかないのです。」（ドイツ現代史研究者の石田勇治）。

「そこには全体主義論でソ連共産主義と一括りにしたいという反共的な思惑とともに、「国家」責任のみ追及して「国民」責任を問おうとしない心性が見えかくれしている。」（メディア研究者の佐藤卓己）。

少なからぬ「普通の人びと」がナチズム体制に同意し協力し支持して「熱狂」し、少なくともこれを黙認した。

「ナチ党が掲げたのは単なる社会主義ではなく、ドイツ民族・国民のための社会主義、民族至上主義・人種差別主義（反ユダヤ主義）と結び付いた社会主義にほかならない」

「（ナチスの）基本的な政治姿勢は、資本主義体制の打倒・変革をめざす本来の意味での社会主義や共産主義と異なるどころか、それと明白な敵対関係に立つものだった（ドイツ現代史研究者の小野寺拓也）。

・ナチ党の政権獲得と維持に果たしたヒトラー演説のマインド・コントロール力は極めて大きい。以下の「　」引用は『わが闘争』とヒトラー演説文から。

◎ヒトラー演説のマインド・コントロール

●ヒトラーの民衆認識

ヒトラーは、大衆に対するプロパガンダは理性的なロジックよりも感情的なレトリックが有効である、と考えていた。「宣伝は永久にただ大衆に向けるべきである！」「民衆の圧倒的多数は、冷静な熟慮よりもむしろ感情的な感じで考え方や行動を決めるという女性的素質を持ち、女性的な態度をとる」（平野一郎訳）。

「大衆の受容能力は非常に限定的で理解力は小さく、その分忘却力は大きい」（高田博行訳）。

E．レーデラーはドイツ軍のポーランド侵入前に早くも、ヒトラーの大衆マインド・コントロール技術つまり宣伝技術を見抜いていた。

大衆に向けた効果的な宣伝の主な特徴は、単純化と反復性と確信性にある。宣伝は主観を一方的に単純明快に確信的に語るべきで、歪曲や虚言があっても然るべきである。

大衆の受容力は非常に小さく、その理解力は非常に貧弱で、忘却力は非常に大きいから、要点を絞り、印象づけるために何度も繰り返さなければならない。つまり「問題をていねいに解説して、あまり教養のないひとびとの理解力を助けるべきではなく、もっとも愚鈍なひとびとの教育や啓蒙をあきらめて、かれらの受け入れ体制に適合させせなければならない」(E・レーデラー『大衆の国家』一九四〇年　青井和夫訳)。

科学的厳密性、客観的分析、相対的比較考量は有害でさえある。つまり、科学的負担が少なければ少ないほど、宣伝効果は大きくなる(『大衆の国家』)。

だから、可能な限り多数の大衆を動員して集会を、暗示にかかり易い夕方や晩に開いた。プロパガンダ効果を上げるために、会場には写真やポスターを並べ、ラウドスピーカーでキャッチ・フレーズを繰り返し、音響効果を利用した。

群衆は「意志の強い人間のことばならよく聞くものである」(ル・ボン『群衆心理』一八九五年)。指導者が断言を繰り返せば、群衆は批判能力が麻痺し、熱狂と陶酔の中で共同体意識や一体感が高まる。

●ヒトラー演説のロジックとレトリックの罠

「人を説得しうるのは、書かれたことばによるよりも、話されたことばによるものであり、この世の偉大な運動はいずれも、偉大な文筆家にではなく、偉大な演説家にその進展のおかげをこうむっている」(平野一郎訳)。

事態を単純化し、民衆は忘れ易いから、感情語のフレーズを断言的に繰り返し、印象づけた。やがてヒトラー演説とナチ言語はドイツ民衆語の思考習慣に組み込まれ、ドイツ日常語を浸食し、「第三帝国の言語」LTIとなった(ヴィクトール・クレムペラー『第三帝国の言語〈LTI〉』一九四七年）。

・ヒトラー演説は「あらゆる妨害、あらゆる迫害、あらゆる迫害、あらゆる禁止、そしてあらゆる試みにもかかわらず」と「反復法」で畳みかける。「貨幣と黄金（Geld und Gold）」と韻を踏む。

・「AではなくてB」と対比させ、Aを否定してBを際立たせ、「A、しかしB」と逆接してBという帰結を強調する。

・「もし、今日ユダヤ人がわが民族に与える危険性がわが民族の大部分の人が抱く明かな反感という形で表れているとすれば、この反感の原因は…」。

前提部で「もし〜ならば（wenn）」という接続詞によって事柄を都合よく仮定し、帰結部でその前提に合致した都合のいい論を展開できる。

この論法で、「もし敵のミサイル攻撃に遭ったなら」と仮定して、都合のいい論を展開できる。

・「七、八年前には取るに足らない小さな運動であったものが、その後三〇人そして五〇人となった。さらに一年後には六二人の党員となり、その一年後には三〇〇人、さらに一年後には三〇〇〇人となった」（高田博行訳）。

このレトリックは徐々に数量や程度を増していく「漸層法《ぜんそう》」である。「漸層法」は曖昧表現や誇張表現と合わせて用いられた。「最上の」「最良の」などの最上級表現、「あらゆる」「どの〜も」などの総称的不定代名詞、「熱狂的」「途方もない」などの誇張的形容、「鉄のような精力」「血と土に由来する」などの隠喩も多用した。日本の政事業者も「誠心誠意」「汗を流して」「血みどろになって」働く、と勝手に漸層《エスカレート》する。

☹ナチズム志向する安倍語

●中曽根康弘の言う「知識水準」から見ても、安倍晋三の知識程度は相当に低かった。「共産党は現在も暴力革命の方針に変更はない」（二〇二〇年二月一四日）と認識していた。安倍本人も複雑な事態を単純化せずには理解できなかった。

「お馬鹿の代名詞」G．ブッシュ大統領は、主語なのにsheではなくher、複数形のchildrenに複数形のsを付けてchildrensと、選挙演説中に言ってしまった。トランプ大統領の英語は小学六年生並みの英語と言うが、文法語法上の間違いはなく、内容の正誤はともかく、分かり易い。

●安倍晋三首相は一九九五年の「村山談話」の見直しを巡り二〇一三年五月八日、「侵略」の定義を、国連はしていないと発言した。しかし、国連は一九七四年の総会で「侵略の定義に関する決議」を採択していた。

スピーチ・ライターが準備した原稿を棒読みする。施政方針演説の中で、「ただ批判に明け暮れたり、言論の府である国会の中でプラカードを掲げても、何も生まれません」と、いつもと同じく原稿どおりに読んでしまった。しかし、自民党も野党時代にはプラカードを国会内に持ち込んでいた。

野党が発言訂正を求めたのに対し、首相は翌々日、「訂正でんでんというご指摘は当たらない」と力んで切り返した。「訂正云云《うんぬん》」を読み間違えたらしい。所信表明演説（二〇一七年一一月一七日）では高等教育無償化の一部を読み飛ばした。不誠実な答弁からは「何も生まれません」。

こんな間違いだらけの演説に総立ちして拍手を送る自民党員議員の「知識水準」も見識も、低い。

上司に公文書の改竄を命じられ自殺した近畿財務局職員が残した「遺書」に対し「私の発言がきっかけだったという記述はない」と強弁し、再調査を否定。しかし、安倍首相と麻生財務相は、「調査される側であって、再調査しないと発言する立場ではない」。今のところ、自民党員は二人の意向を「忖度」して党内から再調査を求める声は出ていない。自由民主党の良識はここまで落ちたか。

●いい加減な演説の中でも、「五輪招致演説」は、この演説のお蔭で五輪招致に成功したと言われるほど評判が良かった。

この演説は、完成期［1925年〜28年］のヒトラー演説を彷彿させるものだった。正統派の演説の、「理論《ロゴス》（logos）」「人格的信用《エソス》（ethos）」「感情《パソス》（pathos）」の三つを柱とした「LEP理論」を踏襲していた。世界が注視していた汚染水漏れに触れた部分では表情に自信を込めて目を大きく見張って口元を引き締め、「私は安全を保証します。状況はコントロールされています（The situation is under control.）」「汚染水は港湾内でブロックされている」と語り、「皆さんと共に働きます」と微笑《ほほえ》んで見せた、とパフォーマンス学専門の佐藤綾子教授も絶賛した。

ただ、しかし、この五輪招致演説は、ブレーンのスピーチ・ライターが書いた草案を基に、佐藤教授がパフォーマンス指導したものだった。こんな所業を四字熟語では「自画自賛」と言い、庶民は「手前味噌」と呼んできた。

しかも、汚染水は漏れ続け、状況はコントロールされていなかった。安倍首相は全世界に向かって大嘘をつき、「人格的信用」はゼロ。二〇一八年九月の自民党総裁選中の調査では、有権者の半数が安倍晋三を人格的に信用していなかった。

しかも、家庭で安倍晋三は、跳ねっ返りのワースト・レディをコントロールできないでいる。そもそも、森友文書を改竄させた元凶は彼女だ。夫が「宴会自粛」を「要請」しているのに、今年三月下旬に都内のレストランの敷地内で花見、芸能人も交えてバカ騒ぎしていた。

安倍首相はＧ７電話首脳会議（二〇二〇年三月一六日）で、「人類が新型コロナウイルスに打ち勝つ証しとして」東京五輪を「完全な形で実現」すると豪語。科学的知見を無視した独善的な政治発言をした安倍首相は二三日、「完全な形での実施が困難な場合、延期の判断も行なわざるを得ない」と後退。二四日夜、「一年程度延期」を提案、ＩＯＣのバッハ会長も合意し、東京五輪を主導する。「桜を見る会」「検事長定年延長」「森友文書改竄」を新型コロナ対策で躱《かわ》す。「イベント自粛」と言うなら、東京五輪こそ世界最大のイベント。自粛か中止にすべきだ。

しかし安倍首相は在任中に東京五輪を「完全実施」し、花道を飾りたいのだ。ならば、数百億円かけて全世帯に布マスク二枚を配布するなどの愚策は採らないほうがいい。布マスク配布は昨日今日の思い付きではなく、一カ月以上前からの「腹案」だったと言うから、呆れる。国民が求めているのは、収入減などの「私権制限」に対する補償あるいは保証である。

政府与党は、一定程度所得が減収した世帯に一世帯三〇万円の給付金支給を決めた（四月三日）。死亡した国民の遺族には見舞金を支給しないのか。安倍政権は水際対策を致命的に後らせて、国民八二人を殺した（四月二日現在）。

●安倍首相は五輪招致演説後も、ヒトラーばりの身振り手振りを多用するようになった。ナチスと言えば、安倍晋三は、ナチ言語がよほどお好きと見える。安倍首相は二〇一三年一〇月一五日の所信表明演説の中で「意志の力」（Willenkraft）というナチズム用語を再三使った。前の段落で「意志さえあれば、必ずや道は拓《ひら》ける」と語っているから、言わんとすることは、日本語の「精神一到何事か成らざらん」であり英語の“Where there's a will, there's a way.”である。これならドイツ人も“Wo ein Wille ist, auch ein Weg.”と普通に口にする。それを後の文脈で「『意志の力』に裏打ちされているからこそ」とか「『意志の力』で乗り越えて」とか「『意志の力』さえあれば」などと、ナチズム用語に言い換えている。

安倍首相は、東京五輪実施を「人類が新型コロナウイルスに打ち勝つ証し」にするとか、日本の技術力を信じて東京五輪の延期幅を二年ではなく一年にした。これはナチズムの「意志の力」に通じる。安倍晋三はナチズム志向しているかに見えたが、身の程知らず。ヒトラーは誇大妄想狂だったが、『わが闘争』を書くほど「知識水準」は晋三より高かった。

ヒトラーの蔵書は約1万6千冊。一部はそらんじて、自分の演説に都合のいい部分を頭に入れた。晋三の知識の受容力と理解力は限られていたから、断片情報を「単純化」するしかなかった（郷原信郎『「単純化」という病』二〇二三年）。

●二〇二〇年一月二一日の施政方針演説は、東京五輪・パラリンピックには繰り返し言及しても、問題の「桜を見る会」や「カジノ汚職」には触れず、「実績」自賛に止《とど》まった。二二日の「カジノ汚職」に関する質問に対しては、「誠に遺憾」としながらも、「観光先進国の実現を後押しするもの」とＩＲの必要性を強調し、「丁寧に進めて参りたい」と答弁。しかし、安倍首相の「丁寧」とは「核心や論点をはぐらかして具体的に説明せず、長ったらしく言い繕うこと」。

答弁に窮すると、「意味のない質問」「罵詈雑言」「非生産」と質問者を攻撃し野次を飛ばす（二〇二〇年二月一三日）。野次は、「弁論の筋道を見失わせる」のに用いられる（筒井康隆『現代語裏辞典』）。安倍首相は二月一七日、「不規則な発言」をしたことは詫びたが、「野次」を「不規則な発言」と言い換えている。なお二〇一九年七月一五日、安倍街頭演説中に野次った男女2人が警官に排除された。

一方、憲法改正になると、饒舌になる。改憲を進めるのは立法府であり、その長の国会議長。行政府の長が施政方針演説で触れるべきことではない。檄を飛ばすなら、自民党大会ででも党首としてやるべきだ。「改憲を急ぐ必要がある」と考えている国民は三四％しか居ないのに、国民の改憲への意識は高まっていると誤認し、「今年の通常国会で原案の策定を加速させたい」と強調した。また四月七日、新型コロナ感染拡大対応のドサクサに紛れて「国会の憲法審査会で活発な議論が展開されることを期待したい」と発言した。

憲法改正と言えば、晋三は母方の祖父・岸信介をよく引き合いに出すが、父方の祖父・安倍寛に言及することはない。安倍寛は戦前戦中、反骨の反戦政治家として知られていた。

中江兆民は『三酔人経綸問答』（一八八七年）の中で、兆民の三人の分身の一人である「洋学紳士」に言わしめている――「議院こそ全国人民の意志の宿る所であって、総理大臣や大臣はたんに議院に隷属して、いろいろの事務を分担するにすぎません。それ故に立法権つまり議院は、人民のために事務を委託する主人であって、行政権つまり総理大臣や大臣は、その委託を受けて事務を処理する使用人にすぎないのです。そもそも人民は、代議士を選出して政務を監督する権利を持っています」。安倍政権は官邸主導。三権分立を侵して内閣府が突出し、司法幹部人事も決める。選挙民は政務を監督する権利を行使しているとは言えない。

●今、「ご飯論法」が流行《はやっ》ている。安倍首相も、「私は、幅広く募っているという認識だった。募集しているという認識ではなかった」（二〇年一月二八日）と迷答弁。「隠してるけど、隠蔽じゃない」「改めたけど、改竄じゃない」と、愚かな側近のソフィストは苦し紛れに同語反復を展開する。「花見ではなくレストランだ」は何論法か。

お馬鹿のG．ブッシュ大統領がエリザベス女王にアドバイスを求めると、「ジョージ、あなたに必要なのは、側近に賢い人々を置くことですわ」と応じた。しかし、側近に賢い人々を置く知見に欠ける者が大統領や首相では、どうにもならない。

「人生には敵が二つある。それは性急と怠惰である。一つだけ挙げるなら、性急である」（フランツ・カフカ）。「性急」とは「前後の状況をよく見きわめてから行動に移るだけのゆとりが無い様子」（『新明解国語辞典』）。安倍首相は独断で唐突に「全国一斉休校」と「イベント自粛」を「要請」したが、早くに「積極果敢な」水際対策を採るべきだった。焦りと無責任の「長州の鈍才」は新型コロナ感染を拡大させた。

✍ペリクレスの演説と葬儀

安倍晋三はすでに故人であり過去の人だが、岸田政権は彼の「負の遺産」を活用して戦争のできる「積極的平和主義」の全体主義国家を目指しているかに見える。

●古代アテネの民主政が最も良く機能したのは「ペリクレス一強」の時代である。ペリクレスはなぜ、都市国家アテネの「ストラテゴス」に33歳で初当選して以降、連続当選して３２年間、国政を主導し、アテネの民主政を成熟させることができたのか。

それは彼の類《たぐ》い稀な言語能力に拠る。彼の「唯一の武器は言語」であり、彼の演説には「説得力《エロクエンティア》」があった。

彼は、大所高所から理知を尽くし「説明責任」を完璧に果たしたうえで、決めるのは貴男方《あなた》だと、市民に政策への賛否を問うた。彼は自分で草稿を書き、何度も推敲を重ね、完成稿を読み込んでそらんじ、原稿なしで演説し、市民総会《エクレシア》での反論に対しては、即座に切り返した。だから、終始うつむいて原稿を見ながら読み間違えるという珍事も、返答に窮して思わぬ失言をすることもなかった。

パルテノン神殿の建築工事に莫大な国費を投入している事実を取り上げて、反対派がペリクレスの失脚を謀った。

「国費を投入する価値はないと言うなら、費用は私が全額負担する。だが、その場合は、完成した神殿の前に『これはペリクレスが私費を投じて完成させた』と刻んだ石碑を立ててほしい」（塩野七生『ギリシャ人の物語Ⅱ民主政の成熟と崩壊』40頁）。市民総会は国費による工事の続行を決めた。

●ペリクレスの「政治哲学」は、全てのアテネ市民は、行政でも軍事でも公務を経験し、国政に参画すべきであるということだった。

当時、兵役であれ行政事務であれ、公務は無給であったから、抽選で選ばれても辞退する者が少なくなかった。ペリクレスは公務執行期間に日給を払うと定める法案を市民総会に提出した。市民総会は賛成多数でこの法案を成立させた。

ローマの「執政官《コンスル》」には12人のSPが付くが、アテネの「ストラテゴス」にはSPは付かない。ある日、一人のアテネ市民が公務遂行中も、公務を終えて夜道を灯りで照らす召使を連れて帰宅する途中も、ペリクレスに口汚い非難を、しつこく浴びせ続けた。ペリクレスはこの間、一言を言い返さなかったが、帰宅して初めて口を開いた。「その灯りを以って、この方を家まで送り届けなさい」と召使に命じた（塩野の前掲書176頁）。言論の自由を乱用する愚か者に対する強烈な嫌味《いやみ》であった。
●ペリクレスは陶片追放に遭うこともなく32年間、「ペリクレス一強」の長期政権を堅持し紀元前四二九年秋、66年の生涯を閉じた。
ペリクレスの死の報を、アテネ市民はさほどの感慨もなく受け入れ、「国葬に」と言い出す者もなく、戦没者でもないのでアテネ城壁外の一等地にある国有墓地に葬られることもなく、銅像が建てられることもなかった。庶民は一強の政治指導者が「ようやく死んでくれて、やれやれ清々した、という想いのほうが強かったのかもしれない」と塩野は書いている（前掲書174頁）。

ペリクレスは、運命とは神々が定めたものではなく我々人間が切り拓《ひら》くものだと言い続け、ポピュリズムに堕することなく大所高所に立って理知を尽くし、アテネ市民を叱咤《しった》しリードし続けた。庶民はこの小やかましい政治指導者が居なくなってホッとしたに違いない。

しかし、彼の成熟させた民主政《デモクラツィア》を咎《とが》める者は、後世、居ない。世論が二分しているのに「国葬儀」などという新造語をデッチ上げて国葬として強行する政権もあったが、アテネの市民総会（民会）がペリクレスを国葬扱いしなかった史実に、私は民主政成熟の証左を見る。ペリクレスも、泉下でニンマリしているであろう。

◎**ナチズム体制下の民衆の日常**

●反ユダヤ主義が一九世紀末から二〇世紀はじめにかけて急速にグローバル化し、社会のあらゆる歪みがユダヤ人の所為《せい》にされるようになった。第一次大戦でのドイツの敗北もユダヤ人の所為であるという俗論が一定程度、受容され、社会通念化していた。「普通の人びと」はナチ政府の反ユダヤ政策を容易に支持した。

ナチ党は「強いドイツを取り戻す」をスローガンに「民族共同体」の構築を目指し、ユダヤ人排斥を奨めた。

40ないし60世帯ごとに１人のナチ党員を街区指導者として配置し、街区の人々の行動を監視、記録させた。密告も日常化した。ドイツ人とユダヤ人は互いに交際を避けた。あった。ナチ体制の熱烈な支持者は利益に与《あず》かった。

●「ナチスを成功させ、政権につけたのは、狂信的で異常な国民層ではなくて、功利的で現実的な国民層、すなわち政治的中間層までを含む支配勢力と大衆の広範な層である」（村瀬興雄『ナチズムと大衆社会　民衆生活にみる順応と抵抗』一九八七年２７２頁）。

「いったん戦争がはじまると、ナチス体制と一般民衆の関係は好転した。民衆は、いままでどおりに政治に無関心な態度をとり、個人生活へと退却していたので、反戦的気運が高まることはなかった」（２６８頁）。

「戦時下においても消費財の生産ができるかぎり維持振興された」「戦争五年目になっても、働いている者の四三％は民需産業の労働者であった」（２６８頁）。

「空襲が激化した後では、ヒトラーは被災者への給養に莫大な努力を傾けた。それは被災者に不穏な気持を起こさせないための措置ではあったが、彼らには、幾段階かに分けた特別配給が与えられた」（２６９頁）。没収したユダヤ人の家具は、特に空襲被災者に提供された。

「ナチスの宣伝が効果を上げた理由は、その時々の政治・経済的状況に対応する臨機応変さにあった」（田野大輔『検証　ナチスは「良いこと」もしたのか？』二〇二三年28頁）。


ナチ党支配下で、一般民衆の組織的抵抗は少なかった。彼らはサボタージュや手抜きでしたたかに切り抜け、むしろナチ党の政策を享受していた。ドイツの一般民衆はナチ党にマインド・コントロールされただけでなく主体的にナチス体制に同意し協力し支持していたと言える。民衆の心理を知り尽くしたつもりで、その演説力を駆使して民衆をマインド・コントロールしたヒトラーだったが、ドイツ民衆はヒトラーより一枚上手《うわて》だった。

（三）戦前回帰の政治的言論集団「日本会議」

◎「日本会議」の暴挙

日本に今、日本を戦前に回帰させようとする政治団体が暗躍している。それが「日本《にっぽん》会議」。反理知の言説で国民をマインド・コントロールしている。

「日本会議」は、一九九七年五月三〇日、有力な右派団体として知られていた「日本を守る国民会議」と「日本を守る会」が合流して誕生し、神道界人に右派政財界人と右派言論人が加わった。ほぼ同時に「日本会議国会議員懇談会」が発足し、設立総会には１１５人の国会議員の参加があり、発足からわずか半月で入会者数はほぼ2倍の２０４人に達した。

「日本を守る」と言っても、何を守るのか。それは天皇を中心とする国家体制つまり天皇中心の「国体」を守ることであり、安倍晋三の言う「（戦前の）日本を取り戻す」ことである。

「日本会議」の公式ウェブサイトは「日本会議が目指すもの」として、以下の6項目を挙げている。

1　美しい伝統の国柄を明日の日本へ
2　新しい時代にふさわしい新憲法を
3　国の名誉と国民の命を守る政治を
4　日本の感性をはぐくむ教育の創造を
5　国の安全を高め世界への平和貢献を
6　共生共栄の心でむすぶ世界との友好を

安倍政権は支持母体「日本会議」のスローガンどおりの政治目標を掲げて、戦前の日本を取り戻し、「日本会議」の精神を社会通念化して日本国民の言葉と思考の画一化を目指す。

日系米国人ミキ・デザキ監督の映画『主戦場』（二〇一九年四月二〇日公開）は、従軍慰安婦論争を巡って「日本会議」系の右派言論人が次々と繰り出す愚論を、左派の専門家や言論人が次々と論破して行くのは痛快だった。

　かように、ソフィストとデマゴーグが結集した「日本会議」の言論は破綻したが、今なお保守政権に隠然たる影響力を持つロビー団体である。加えて「統一教会」が政界に浸透し、国民を浸食していた。

◎「日本会議」の運動の軌跡

「日本会議」は発足以来、自民党政権を突き上げ、戦前回帰の反動政策を実施させてきたが、最終的に平和憲法の改正を目指している。二〇一四年一〇月一日、「日本会議」や「日本青年会議所」などが協賛する「美しい日本の憲法をつくる国民の会」が出来た。

　朝日新聞社が二〇二二年五月三日の「憲法記念日」を前に実施した世論調査に拠ると、改憲の「必要がある」とした国民は56%。憲法第9条については「変えないほうがよい」が59%だが、「緊急事態」対応には国民の権利を一時制限するために「改憲が必要である」とした国民は59%。危険な事態になった。

　憲法第9条を変えては、「角《つの》を矯めて牛を殺す」ことになる。

●大東亜戦争肯定と「東京裁判」否定と靖国神社

「歴史修正主義」の「日本会議」は、一五年戦争あるいはアジア太平洋戦争を「大東亜戦争」と呼んで肯定し、侵略戦争ではなく、日本の自存自衛とアジア諸国を解放して共存共栄を図る大義に基づく聖戦であったと認識し、「東京裁判」を否定する。戦没兵士を祀る靖国神社参拝を推奨する。

「日本会議」の論客とされている渡部昇一や小堀桂一郎らは「マッカーサー証言」を根拠に「大東亜戦争は侵略ではなかった」と主張した。

「マッカーサー証言」とはマッカーサー連合軍最高司令官が朝鮮戦争中の一九五一年五月三日、米国上院軍事外交合同委員会で行なった証言の中で「主としてセキュリティのためだった」と述べたことを指す。彼らはこの証言内容を、「マッカーサーは、日本の戦争は侵略ではなく自存自衛の戦争であった」と認めた、と我田引水の解釈をして喧伝した。

この発言は、朝鮮戦争に介入してきた中国に対する「海空の封鎖戦略」の実効性についての話しの中で、経済封鎖の効果の一例として持ち出したもの。日本が戦争を始めた動機は自存自衛であったとしても、開戦後、行き詰まった日本は資源を求めて東南アジア諸国を侵略し資源を奪い取ったと、その話しを続けている。

彼らは「主として（largely）」つまり「全てではない」という留保を一切無視した。「セキュリティ（security）」には「自存自衛」の意味は無い。英語に通じているはずの二人が意図的に曲解したのである。

戦勝国による「極東国際軍事裁判」の全ての判決が正しかったとは言わないが、戦後の日本政府は自ら戦争指導者を裁くことをしなかった。

「戦争の犠牲者」でもある戦没兵士を慰霊する感情は尊いが、彼らに犠牲を強いた戦争指導者まで祀るのは筋違いである。

小泉純一郎内閣の時代の二〇〇一年一二月、諮問機関として「追悼・平和祈念のための記念碑等施設の在り方を考える懇談会」が設置され、一年後に「無宗教の恒久的な国立追悼施設を建設すべき」との報告書を発表した。しかし、「日本会議」が、反対集会や国会請願運動を展開し、小泉内閣は二〇〇四年一月、国立の追悼施設の建設を断念した。

「日本会議」は、戦後の歴史教育はマルクス主義の影響を受けた「自虐史観」だと決め付け、「自由主義史観」を提唱した。二〇一五年四月の「朝日新聞社」の調査では、日本の現行の歴史教育を「自虐的」と思う人は「35％」で、「そうは思わない」は「47％」だった。

一九八五年夏、「日本を守る国民会議」が主導して、高校用の日本史教科書『新編日本史』を作り、文部省に検定申請したが、検定では約800ヵ所に及ぶ修正・改善意見を付され、翌一九八六年に合格となった。しかし、それでも稚拙な誤記が多く、保守派の歴史研究者からもそれが指摘されるほどの代物《しろもの》だった。

藤岡信勝らは一九九六年一二月、「新しい歴史教科書をつくる会」を結成した。文科省は「広域採択制度」を悪用して、「新しい歴史教科書をつくる会」系の教科書の採用を「要請」している。それらの教科書は「南京虐殺」は「なかった」あるいは「虐殺された一般市民は少なかった」とし、「従軍慰安婦」は売春行為であったと記述している。

「新しい歴史教科書をつくる会」系の教科書が教科書界に侵入している。「日本会議」は「自由主義史観」と称するが、戦前戦中の国策を翼賛する史観である。

「過去を支配する者は、未来をも支配する（ジョージ・オーウェル）。「歴史の再解釈は、現状の再解釈を含蓄する。同じ単純化、同じ誤りを避けるためには、過去の思考の習慣からの自由が必要であろ

う」（加藤周一『夕陽妄語』一九九六年六月一九日）。

因みにソ連崩壊後の一九八九年一月末、ゴルバチョフ政権の進める「情報公開《グラスノスチ》」の一環として核物理学者のアンドレ・サハロフ、歴史家のロイ・メドヴェージェフ、詩人のエヴゲーニー・エフトゥシェンコらが「メモリアル（記憶）運動」を、モスクワで組織した。これまで検閲や矯正労働などによって抑圧され抹殺されてきた過去を掘り起こして、民衆の集団的記憶としての新しい歴史を書く運動である。

●「建国記念日」と「元号法」と「国旗国歌法」

一九八八年、戦前の紀元節を「建国記念日」として祝日化され、一九七九年には「元号法」が成立した。

「国旗国歌法」は一九九九年、制定された。主導した小渕内閣の野中広務・官房長官は「強制はしない」と言明したが、教育現場では「職務命令」で起立斉唱を強制され、違反した教職員は処分の憂き目に遭っている。

●「教育基本法」改悪

二〇〇六年一二月、教育基本法が改悪された。一九四七年に制定された「教育基本法」が除外した「愛国心の涵養」「伝統の尊重」「宗教的情操の涵養」の趣旨が取り入れられ、「伝統と文化を尊重し、それらをはぐくんできた我が国と郷土を愛する」という文言が書き込まれた。そして彼らは戦後体制の「元凶」である現憲法打破を最終目標として定めた。

しかし、「日本会議」は、「日本を守る」と叫びながら、米国追従外交を非難しない。文科省の進める英語教育改革は、米国中心のグローバル化を助長するものである。

(四) 政権与党のマインド・コントロール

☹政治家(statesman)は科学的知見に立って政治的判断をする。だが、政権与党は政府御用の専門家から科学的知見(?)の「お墨付き」をもらい、「一定の理解」が得られたと党利党略の政治的判断をし、国民をマインド・コントロールする。

政権与党は、司法界と教育界とマスコミを牛耳《ぎゅうじ》って政策を強行実施する。

●単純化

ここ一〇年余りの政権の政治手法、つまりマインド・コントロールの要《かなめ》は「単純化」。事態の単純化は反理知時代だからなおさら有効だ。国民を分断し多数決で押し切る。法令解釈を閣議決定で変更し、法令に違反してないと開き直る。安倍国葬然り、放送法解釈変更然り。政策を丁寧に説明せず単純化し、数で押し通し、国策として強行している。

安倍晋三は『「単純化」という病』(二〇二三年)に罹《かか》っていた、と言っても過言ではない(郷原信郎)。

●「統一教会」と「濃厚接触」

今年に限らずここ一〇余年のカタカナ語は「マインド・コントロール」。岸田政権は安倍氏の残した「負の遺産」を活用し、原点や原理原則や正当性を軽んじ捻《ね》じ曲げて政策を推し進める。

岸田首相は「暴力に屈せず、民主主義を断固として守り抜く決意を示す」と言うが、銃撃犯は暴力を用いて「私怨」を果たそうとしただけであって、民主主義への挑戦ではない。

民主主義を守り抜くならば、国民を分断し、「国葬」という政権の評価を国民に押し付け、ほぼ半数の国民の反対を無視することこそ、民主主義の破壊ではないか。国民の内心の自由」も侵害した。民主主義を無し崩しにしたのは、むしろ安倍氏である。

議員が「統一教会」の行事に出席したりビデオメッセージを送るのは、その教義を理解し信じたからではなく、強力な選挙支援を受け、当選したいがためである。日本社会を浸食している悪徳ビジネス集団と「濃厚接触」するのは「政治倫理綱領」に反する。

安倍元首相に限らず多くの議員が「旧統一教会」の集会に参加したりメッセージや祝辞を送って「お墨付き」を与え、この悪徳教団の社会浸透に加担し、選挙のたびに組織的支援を受ける一方で、国民を霊感商法の犠牲にしてきた。なのに岸田首相は「国葬儀」という新語を捏《ねつ》造し、安倍「国葬」を強行した。さらに彼らの加担責任を有耶無耶にし、「救済新法」をデッチ上げ、彼らを「救済」した。二〇二三年二月二六日の第９０回自民党大会は「統一教会」問題に全く触れなかった。

●「敵基地攻撃能力」

「敵基地攻撃能力」は、相手の弾が一発も届かないうちに敵対国にミサイルを撃ち込める装備だ。宣戦布告せず先制攻撃しては国際法違反だし、「専守防衛」にはならない。「敵基地攻撃能力」具備は「ミサイル早撃ち競争」（国際政治学者の遠藤誠治）だ。

敵が攻撃に「着手」したと、どの時点で何をもって判断するのか。「反撃能力」を装備した基地は、敵の先制攻撃を誘発し真っ先に敵のミサイル攻撃を受ける。その基地の部隊員は敵のミサイルが届く前に地下室に潜ればいいが、周辺住民はどうすればいいのか。

●「汚染水」の海洋放出と「一定の理解」

東京電力福島第一原発の汚染水の海洋放出が、国際原子力機関（ＩＡＥＡ）から「国際的な安全基準に合致する」との「お墨付き」をもらって強行実施されている。

中央政府の言いなりになるのが地方自治ではない。全国45ほどの自治体議会が「アルプス処理水の海洋放出反対の意見書」を提出した。

私の住む千葉県白井市の議会も「意見書」提出が発議されたが、議長を除く17人中12人の市議の反対で否決された。ある古参市議は、「白井市の公益に関わる事項であるかどうかは関係省庁が判断することだから、市議会が決議しても無意味だ」として「意見書」提出に反対した。彼は元議長。他の反対派市議らの「意見書」理解度も推して知るべし。

ＩＡＥＡは日本政府と東電が提出した資料《データ》に基づいて点検し、政府決定を追認したに過ぎない。アルプス処理水にはトリチウム以外の60種類以上の排出濃度基準を超える放射性物質が含まれ、絶対量は水で薄めても減らない。

海洋放出以外に「モルタル固化」や「大型タンク貯留」や「広域遮水壁」などの、より安全安心な処理法があるのに、経費が他案の10分の1で済むという杜撰《ずさん》な試算に基づいて、政府と東電は海洋放出を選んだ。約7年で放出は終わると言うが、実際には50年以上続くだろう。絶対量はどんどん増える。

政府と東電は二〇一五年に「関係者の理解なしには処理水を処分しない」と約束した。岸田首相は「一定の理解は着実に広がっている」と言い、漁業関係者から「一定の理解を得た」と政治判断したが、漁民は納得していない。

「一定の理解」と言うからには、一定量の不可解と一定数の反対が存在し、「国民の総意」ではない。「聴く力」の首相は反対意見には耳を貸さず、「一定の理解」で政策を進める。

一定処理した汚染水を、今年度は一定量つまりタンク30基分に当たる計３万１２００ｔ、海洋放出し、海洋を一定量汚染する。アルプス処理水がそれほど安全安心ならば、海洋放出などせず、いっそ生活用水に使えばいいではないか。

「アルプス処理水」の海洋放出は「国連海洋法条約」に違反する。経済産業省に問い合わせると、「国際法上、処理水を船で運んで海に放出するのは違法だが、パイプで１㎞沖に放出するのは合法です」と、子ども騙しの屁理屈が返って来た。

一定数の国民が、他に処理法がないと政府にマインド・コントロールされ、「これしかない」「止むを得ない」「仕方がない」と思い込んでいる。

原発の再稼働や新設の是非という根本問題からも、国民の目を逸らそうとする政府のマインド・コントロールに騙されてはならない。

●憲法改悪

安倍晋三は「憲法を国民の手に取り戻す」と言いながら、憲法を国民の手から奪おうとした。岸田内閣は、国民をマインド・コントロールして憲法改悪を進めようとしている。岸田首相は二〇二三年一〇月二三日、臨時国会の所信表明演説で、改憲は「先送りのできない重要な課題」と位置付けた。

改憲をめぐっても、世論は二分している。「朝日新聞社」が二〇二三年五月三日の「憲法記念日」を前に憲法についての全国世論調査を実施した。憲法9条を「変えるほうがよい」が37％（昨年調査では33％）、「変えないほうがよい」が55％（昨年は59％）だった。「専守防衛」の方針は「見なすべきだ」が36％、「今後も維持するべきだ」が59％だった。ただし、「憲法をないがしろにしている」との異論は自民党内からも出ている。

護憲集会を開かせまいとする動きもある。金沢市役所は二〇一七年四月、市庁舎前広場での憲法施行70周年集会を許可しなかった。

二〇一七年三月に改正された「庁舎等管理規則」が、特定の政策や意見に賛成したり、反対する目的で気勢を示したりする「示威行為」を禁じているからだと、市は言う。

政治集会は政治的意見を表明するための集まりだから、不許可は民主主義を否定する暴挙であり、公務員には「憲法尊重擁護義務」つまり護憲義務があるのだから、護憲集会を認めないのは公務員の違憲行為である。

その後の訴訟で、金沢地裁も名古屋高裁も「適法」として訴えを退け、最高裁第三小法廷の5人の裁判官のうち4人の多数意見も「合憲」。宇賀克也裁判官だけが「違憲」とする反対意見を述べた。

●政権の行方

岸田首相は安倍派5人衆に松野官房長官を加えた安倍派中枢幹部の処遇など安倍氏の負の遺産の尻ぬぐいに懸命だが、自民党政調会長時代の「統一教会」の友好団体トップとの面談や岸田派のパーティー券収入不記載も露見した。

しかし、「岩盤支持層」に支えられ、自民党政権は倒れる心配がない。自民党は「政権交代が起こるかもしれないという切迫感がない」「広く世論に訴える改革を推進するよりも、党内の力学に基づいて行動する方が政権維持に効果的だという判断に傾いている」（政治学者の中北浩爾）。この体質は自民党政権が続く限り、変わるまい。

（五）機能不全の監視機関　「政治倫理綱領」／「政治倫理条例」と政治倫理審査会

監視されない権力は堕落する。モンテスキューは権力の集中を避けるために、三権の分立を唱え、さらにその三権を監視する機関を設ける必要も説いた。

だが、今の日本では、三権が分立しているものの、立法機関である国会で多数を占める勢力に指名された内閣に権力が集中している。しかも、それを監視する機関も、その監視機能を果たしていない。それを監視する委員は監視される側が選ぶ。

「原子力規制委員会」の委員は原子力推進派が選ぶから、原発の再稼働も運転期間延長も汚染水の海洋放水も容認される。憲法をはじめとする法令や政令、条約を審査する「内閣法制局」の人事は内閣が握っているから閣議決定が容易だ。

「被害者救済新法」は「統一教会」と濃厚接触した議員を救済した。四月の統一地方選で、「統一教会」との「濃厚接触」を認めながら立候補した228人の都道府県議のうち9割に当たる206人が当選した。関係した議員は免罪されたと居直り、有権者も「救済新法」でこの一件は落着したと勘違いしている。4補選でも「統一教会」問題を争点にしなかった。

日本の宗教法人の7割前後が「救済新法」を評価している。「救済新法」は霊感商法的な寄付勧誘をしていた宗教法人をも「救済」した。

だが、議員の「統一教会」との濃厚接触は「政治倫理綱領」に反する。

特定の団体から選挙支援を受けても、実定法に抵触しないが、国民を浸食していた悪徳擬似宗教集団「統一教会」との接触は政治倫理上の問題である。

衆参両院は一九八五年、「政治倫理綱領」を採択し、議員に政治倫理上の問題行動があった場合、それを審査し、有責とされた議員に対しては、一定期間の登院禁止や役職辞任などを「勧告」できる「政治倫理審査会」を設けた。「勧告」に従わなくても罰則はないが、有責議員のその後の政治活動に大きくマイナスに作用する。

衆院の審査会は25人、参院のそれは15人で構成され、審査される側である国会議員から選ばれ、外部の委員が一人もいない「お手盛り」の審査会で、自浄作用を果たしていない。

「われわれは、国民の信頼に値するより高い倫理的義務に徹し、政治不信を抱く公私混淆を断ち、清廉を持し、かりそめにも国民の非難を受けないよう政治腐敗の根絶と政治倫理の向上に努めなければならない」「われわれは、政治倫理に反する事実があるとの疑惑をもたれた場合にはみずから真摯な態度をもって疑惑を解明し、その責任を明らかにするよう努めなければならない」。

特定の団体から選挙支援を受けても、実定法に違反するものではないが、国民を浸食している悪徳擬似宗教集団の「統一教会」に「お墨付き」を与える見返りに強力な選挙支援を受けるのは明らかに政治倫理に反する。政府は「救済新法」を定め、「統一教会」と「濃厚接触」をした議員を「救済」した。

文通費、「森友・加計」、「桜をみる会」、首相官邸での親族忘年会も、「公私混淆」である。「政倫審」は、実定法に抵触しない議員の問題行為にも「勧告」できる。「勧告」に従わなければ、その後の政治活動にマイナスになる。政治資金パーティー券収入の不正記載も、「政倫審」が問題にすべきである。

その後、自治体にも「政治倫理条例」と「政治倫理審査会」が設けられた。一般有権者と法曹専門家の双方からバランスのよい選考が望ましい。先進的な市は、先ず委員を市民から募っている。しかし、私の住む千葉県白井市は市民から委員を募らず、「政倫審」事務局が選考した法曹専門家６人を市議会が了承し、市長が委嘱する「お手盛りの」審査会になっている。

昨年度の白井市議会に、一部の市議が「統一教会」と議員の関係の徹底究明を求める決議案を提出した。しかし、議長を除く市議19名中14名が反対し、意見書提出が見送られた。反対した市議は今後、選挙支援を受ける可能性を残した。反対した市議の政治倫理の認識度が問われる。

白井市は各執行機関のチェック組織として、監査委員会、審査委員会、運営委員会などを設けている。しかし、どれも市や市議会の「お手盛り」。執行機関の施策実現を補完するだけで、監視機能を果たさず形骸化している。

長崎県対馬市の政治倫理審査会は、最終処分事業に関わる「原子力発電環境整備機構（ＮＵＭＯ）の経費負担による視察旅行に一部の市議が参加したのは、市の政治倫理条例違反にあたるとする調査報告書をまとめた。

「国民が監督を怠れば、治者は盗を為《な》す」（田中正造）。

第4講

教育現場のマインド・コントロール

☹学校ブラック化の元凶

日本の教育は詰め込み教育。詰め込み教育もマインド・コントロール。小学校段階から詰め込まれる知識の多いこと。おまけに小学校から英語の早期教育だという。

知識を詰め込まれれば詰め込まれるほど、学習は受動的で、思考は停止する。人間を型に嵌《は》める。

教育には本来、体制に順応する能力と体制を変革する能力を育成する社会的役割がある。しかし、公教育は従来から体制順応に偏重している。教育改革の度《たび》に学校はブラック化する。

「山びこ学校」には登校拒否も「いじめ」も無かった。毎日、2割ぐらい欠席者がいたが、ほとんどは家の仕事を手伝うためだった。学校は何もかも不足していたが、学校に行ける日、子供たちは元気になった。

無着成恭《せいきょう》の初任給は500円。自転車は現金1万円と白米二斗を用意しなければ、手に入らなかったから、山道を片道1時間半、隣りの本沢《もとさわ》村菅沢《すげさわ》の沢泉《たくせん》寺から徒歩で通勤した。学校に泊まり込むこともあった。

当時の山元中学校は各学年1クラスの3学級で、無着が担任したのは一年生43名だった。無着は担任クラスの国語・社会・数学・理科の他に、体育や英語まで持たされ、三年生の国語まで担当した。無着の担当する授業は1週間で28時間を超えていた。

しかし、無着たち教員は過重労働で安月給だったが、教職をブラックだとは思っていなかった。

中央教育審議会の特別部会が「緊急提言」をした。学校関連の業務を、①基本的に学校以外が担うべきもの②必ずしも教員が担う必要がないもの③教員の業務だが負担軽減が可能なもの、の三つに分類し、特別部会の提言は法改正が不要で直ぐにも取り組める対応策である。直ぐにも法改正して、特に②と③は明文化すべきだ。でないと、いつまでも教員の担う業務のままになる。

各教育委員会があの手この手と、教員採用試験のハードルを下げても、教員志望者は年々、減り続けている。

一般企業に勤めた後、教員になった女性が、そのあまりのブラックさに1年で体調を崩して辞めた話しが投書欄に出ていた。

今、教育現場をブラックにしているのは政府文科省の教育改革に名を借りた管理教育と教員の中途半端な働かせ方改革であり、それらを許容する世間である。

（一）「教育基本法」改悪

●戦前戦中は明治憲法と「教育勅語」で民衆をマインド・コントロールした。戦後は中央教育審議会の一九六六（昭和四一）年に答申した「期待される人間像」が教育勅語的役割を担った。二〇〇六（平成一八）年には「教育基本法」が改悪され、日本国憲法改正への道を歩んでいる。
「期待される人間像」は日本国憲法の根本理念を前提にしながらも「教育基本法」に不足しているものを補完するために、「五条の御誓文」と「教育勅語」を参考に定めたという。

しかし、個人の尊厳には触れず、「個人の幸福も安全も国家によるところがきわめて多い」として、国家に対する忠誠を重視している。

新基本法は第2条に教育の目的として「公共の精神に基づき社会の発展に寄与する態度を養うこと」と「伝統と文化を尊重し、それらを育んできた我が国と郷土を養うこと」という条文を挿入し、個人の尊厳よりも公共の精神と愛国心を重視している。

旧基本法第10条は教育行政について「教育は不当な支配に服することなく、国民全体に対し直接に責任を負って行われるべきものである」とし、教育行政の目的は教育の「諸条件の整備確立」と規定していた。ところが新基本法では「国民に対し直接に責任を負って」という文言を削除し、「法律の定めるところにより」に変えられ、政治的な介入が容易になった。政治言語による条文の改竄《かいざん》である。

● 「教育再生」と言っても、教育の何を「再生」させるのか。安倍首相の言う「教育再生」とは戦前戦中回帰の教育ではないか。

体制翼賛は教育の現場から始まる。学校教育は「お上」を翼賛し、教員は体制翼賛の尖兵にされている。

道徳教育は体制側の良識と社会通念を教え込み、小学校の国語教育までが道徳化している。「新しい歴史教科書をつくる会」系の教科書が教科書界に侵入している。「日本会議」は「自由主義史観」と称するが、戦前戦中の国策を翼賛する史観である［改竄《かいざん》史によるマインド・コントロールについては（五）で詳述］。

● 「道徳」が教科になり、検定教科書もできた。文科省は教材として「教育勅語」を使用することを否定せず、その朗読も問題ないと言う。
文科省が道徳の教科書に「伝統文化の尊重や郷土愛などに関する点が足りない」と「物言い」を付けたため、教科書会社は文科省の意のある所を汲んで、つまり「忖度《そんたく》」して「パン屋」を「和菓子屋」に修正した。具を包むタイプのあんパンやクリームパンなどは日本独特のパンで、日本の伝統文化の表われなのに。

●中学校で「武道」が必修になっている。柔道、剣道、相撲、空手、少林寺拳法などの計8種目から選ぶが、生徒の多くは柔道を選ぶという。

福島県須賀川市の中学校で二〇〇三年、当時一年生の車谷侑子《ゆうこ》さんが柔道部の練習中、男子生徒に何度も投げられ意識不明になった。一命を取り留めたものの、目は開かず、話しかけてもほとんど反応がない、寝たきりの状態が続いた。二七歳になった侑子さんは二〇一八年九月一二日、急性気管支炎のため亡くなった。

スポーツに怪我は付きものだが、特に柔道は危険だ。ここ30年間で、中学で起きた柔道の死亡事故は40件余ある。柔道で重い事故が多いのは、頭を強く打つ危険があるからだ。

武道教育は「武道を通じて我が国固有の伝統と文化に一層触れる」ためだという。それなら何も武道を通じてでなくてもいいではないか。精神修養のため、と言うなら、柔道界にも角界にもスキャンダルは起きないではないか。体育系部活の扱《しご》きや根性論は体罰や「いじめ」などの弊害を生んだ。

その「武道」教科の種目に「銃剣道」が加わった。「銃剣道」は旧日本軍の戦闘訓練に使われていた「銃剣術」の流れをくむ。銃の形をした木製の「木銃」で喉や肩を突いて競う。剣道にも「突き技」があるが、危険なので小中学生には禁止されている。「銃剣道」の「突き技」はさらに危険度が高い。

護身術ではない。はじめから殺傷を目的とした武術だ。殺傷目的で「精神鍛錬」するのか。それを公教育の教科として教えるのか。二〇二一年度から実施された。

「組み体操」は危険性が指摘されながらも存続している。「組み体操」は戦地で崖や防壁などの高所に上《のぼ》る時の「人間梯子《はしご》（人梯《じんてい》）」のための兵式体操だった。そして戦中も戦後も、「組み体操」は運動会の集団体操の「華」、というのが社会通念になっている。しかし、怪我《ケガ》が多い。千葉県内の小中学校で二〇一七年度に実施された「組み体操」で、児童生徒の怪我が60校で計144件あった（一八年二月九日付『朝日』）。「組み体操」で、「教練」の成果としての「集団体操の美」を誇示する。

●「共謀罪」は、犯罪を行なわなくても、計画の段階で処罰できる法案（二〇一七年四月）。その「共謀罪」は学校も襲う。すでにジョージ・オーウェルの『1984年』が現出しつつある教育現場に適用されたら、どうなるか。

戦前戦中に生活の実態を見つめさせる「生活綴方《つづりかた》」という作文教育が行われた。しかし、「階級意識を醸成する」とか「国体の変革を意図している」とされ、「治安維持法」違反で摘発された。今後、「主権者教育」の目的で生徒に作文を書かせたら、どうなるか。

まだ抗議行動を取れば取れる教員たちは、「君が代」斉唱時に着席のままで斉唱しないとかトイレ退席する行動を計画し、実行した教員たちも居た。しかし、この手の抗議行動をしかねない教員たちは駐車場係を宛《あて》がわれ、「君が代」斉唱時は式場を居ないように仕組まれた。

これらの抗議行動計画に「共謀罪」が適用されると、捜査機関は「騒乱」を「共謀」したと見なし、その種の「問題教員」たちは一網打尽にされる。

文科省は辞任した事務次官のその後の言動をも監視する。前川喜平・前文科省事務次官が二〇一八年二月、授業の一環で名古屋市立の中学校で講演をした。

文科省の教育課程課が市教委に前川氏を呼んだ経緯や講演の内容を問い合わせていた。電子メールを使っての質問は約30項目に及び、録音テープの提供まで求めていた。前川氏は加計学園の獣医学部新設問題で「行政が歪められた」と批判していた。前川氏を道徳教育が行われる学校に呼ぶことは「慎重な検討が必要だったのではないか」とも伝えたという。前川氏の人格を非難する意図を含む。教育課程課長は、前川氏が国家公務員法違反で辞任したことについて学校や市教委がどこまで十分に分かっていたかを確認しようとしたのだと言うが。

講演は「総合的な学習の時間」に行なわれ、講演内容は学習指導要領に沿うものだった。文科省が個別の学校の授業内容について調査するのは異例だ。自民党の複数の国会議員も文科省に講演の経緯などを照会していた。

戦前戦中回帰は真っ先に学校から始まり、教育統制はいっそう強まる。まさに『１９８４年』の監視社会が実現する。

（二）国定化する教科書と教員

●政府文科省の教科書検定は、補助教材や学校図書にも及ぶ。文科省は二〇二二年一月、全ての公立学校の学校図書館に複数の新聞を入れるよう、通知した。小学校では2紙、中学校で3紙、高校で5紙読めるようにするという。しかし、政府の「御用新聞」系の新聞だけが配紙される惧れがある。

特に社会科教科書に関しては、政治言語で肝腎な争点を薄めよう薄めようとしている。二〇一四年改定された文科省の検定基準は、地歴・公民については、閣議決定などで「政府の統一見解がある場合、これに基づいた記述をすると規定されている。

二〇二一年四月、閣議決定された答弁書には、「『従軍慰安婦』または『いわゆる従軍慰安婦』ではなく、単に『慰安婦』という用語を用いることが適切」、「朝鮮半島から移入した人々について『強制連行された』とひと括《くく》りに表現することは適切でない」などとある。

教科書は今、政府見解に基づく記述にするよう書き直しを迫られている。二〇二二年度から使われる高校教科書の検定では、戦後補償関連では「未解決の問題が多い」と書いたら、不適切で、「政府は解決済みとしているが、問題は多い」と改めると、合格になった。「強制的に連行され」は「徴用・動員」に修正させられた。

一流の教員なら「問題が多い」という検定教科書の記述を根拠に、教科書を超えて多様な見方をする「探求学習」を指導することができるだろう。

●しかし、政府文科省は教科書通りにしか教えない教員を養成して、教科書と教員の国定化を目指している。

政府文科省の望む「理想の教師像」は、教科書どおりに教える二流の教員である。日本近現代史家の成田龍一は、「教科書の執筆者は脚本家。教師は演出家で、実際に解釈して演じる主人公は生徒です」と言う（二二年三月三〇日付『朝日』）。しかし、教師が脚本の教科書に沿わない演出指導をし、生徒がその通りに演じ「探求学習」でもしたら、その教師は偏向教育をしたとして、問題教員のレッテルを貼《は》られるだろう。

二〇二一年度の公立小学校教員採用試験の倍率は2・6倍。倍率が3倍以下になると、教員の「質」は低下すると俗に言われる。二〇二二年には県によっては定員割れが起きた。

教員の「質」の低下とは教員自身の学力の低下だけではない。政府文科省の望む「理想の教師像」になりきり、自律性を失うことである。

「デモシカ」ではなく「ゼヒトモ」教師になろうとする教員の卵も居るには居るが、教科書どおりに教えそうにない教員の卵は採用試験で排除される。

教員も国定化した。「山びこ学校」で「探求学習」を実践した無着成恭のような教員は育つまい。

✎「討論学習」の罠《わな》

文科省は中央教育審議会の答申を受けて、均一な一斉型の授業から主体的で対話的な学習に転換させ、「アクティブ・ラーニング」（AL）に切り替えた。

ＡＬは、不評だった「総合学習」の延長線にある。「総合学習」もＡＬも、学習者の主体性を大事にする。しかし、学習者が特定の課題を追求しても、入試には、ほとんど役に立たない。入試は総合的な知識力を試すものだからだ。「総合学習」が学習者にも指導する教員側にも不評だった理由は、この理由に因《よ》る。表現力や思考力を試そうと、記述式問題や小論文を導入しても効果は期待できない。小論文は基礎知識が無ければ書けない。

すでに教育現場では討論授業が盛んである。特に「ディベート授業」に至っては、生徒本人の意見は別にして賛成派と反対派に別れてゲーム感覚で行なう。黒も白と言い包める話術を競い、ソフィストやデマゴーグを養成する授業になりかねない。

大阪大学の金水敏教授は、二〇一二年五月一九日の日本語学会の春季大会で、「熟議（deliberation）」を定義づけた。

金水教授に拠れば、ディベートは各自の意見を堅持して相手を打ち負かすのが目的だが、「熟議する力」とは「自分の意見も自分自身も変える可能性も秘めながら、文脈にそって他者の発話を理解し、それを基盤としながら自分自身の主張を組み立て、その場の目的に貢献するかたちで合意を形成していく能力」だと言う。だから、現行の「討議」は「熟議」にならない。

ディベート授業の最後に「なら、先生はどっち？」と生徒に問われ、政権党に反対する意見を漏らしでもすれば、その教員は教育の「政治的中立性」を問われて「問題教員」のレッテルを貼《は》られかねない。

「主権者教育」の一環であれ、現実の生々しい政治課題をテーマにすることはない。「共謀罪」法案をめぐる審議にならない審議はすればするほど、法案の矛盾や欠点を露呈した。これを叩き台に討論授業をしたら、あるいは与党と野党とに分かれてディベート授業をしたら、どうなるか。こんなテーマで授業のできる教員は居まいが、そんな教員は「問題教員」のレッテルを貼られるだろう。

学校の職員会議は戦後の民主教育の中で学校の最高決定機関とされてきたが、すでに上意下達の単なる伝達機関とされてしまった。以前も議論が深まったことは稀で、今の国会のように数で押し切られていた。議員も教員も、真面目な討論ができないのでは、生徒に正しい討論をさせられるのか。学校は「民主主義のトレーニング場」（教育評論家の尾木直樹）には到底なれまい。

「道徳」の授業で先生の授業計画を乱しそうになった中学生の「先生の授業計画乱しちゃダメ？」という「声」（二〇一七年四月一五日付『朝日』）を読んだ。その「話し合い授業」は「信じる心が自分の未来を拓《ひら》く」という流れで進み、それがその先生の教案だったらしい。この生徒は「疑う心も必要だ」と思い、そう発言した。すると、その先生はその発言を無視した。「道徳」の授業に異論を唱えてはならないからだ。おそらくこの生徒に対する成績評価は低く、面従腹背であっても「信じる心」という徳目を受け入れる発言をした生徒が高く評価されるだろう。

「授業とは先生の思い通りになればなるほどいいものなのでしょうか」という中学生の問いかけに学校と教員は「そうです」と応《こた》えるしかない。授業は、届け出た教案どおりに進めなければ、教員はお咎《とが》めを受ける。

道徳教育はそもそも如何《いかが》わしい。「道徳」の授業というものは、道徳教科書が謳う結論にマインド・コントロールするのが良い授業だからである。

この疑問に現役の高校の教員が応えている――「自分の成長に役立てて欲しいと思います。それはクリティカル（批判的思考）の種《たね》かもしれません。それをあなたの長所にしていただきたいと思います」（同年五月三一日付『朝日』）。

しかし、私は言い返したい――「あなたは道徳教科書の内容に異を唱える生徒に高い評価点をあげられますか。あげたことがバレたら、あなたは問題教員のレッテルを貼られますよ」。

☹ソクラテスの「はぐらかし問答」

ソクラテスの「問答」は「対話学習」のお手本のように言われているが、とんでもない。クセノフォーンは『ソークラテースの思い出』の中で、以下のようなソクラテスとの問答を伝えている。

ソクラテスは、法の制約と同時に国民の同意を真の王政の必須条件として挙げ、法律に則らず国民の同意も得ず、支配者の意のままになされる統治を独裁政と呼んだ。クセノフォーンが「もし仮に法を守るはずのその王が法を破る行動を始め、善い進言を聞き入れず進言者を粛清したら、その王を退位させる権利が国民にあるのか」と問うた。すると、「身の安全を保てるか、それとも身を滅ぼすかね？」と逃げ腰になり、答えをはぐらかした。

クセノフォーンが訊きたかったのは、善い進言を拒絶する支配者を排除する権利が国民にあるかどうかであった。ソクラテスの論法は次々に問いかけては相手の答えを否定して相手を追い詰めるが、相手の問いははぐらかして逃げる「否定的問答法」。自分の確答を明言しない。

ソクラテスの問答は、論点をはぐらかす問答法である。国会答弁で悪用されている。

（三）国旗国歌法の欺瞞

●「やはり、強制になるというものではないというのが望ましい」（平成天皇）

現在、五〇歳の女性が小学２年生だった頃の話しである。祝日の度《たび》に、「家に日の丸を掲げていない人は手を挙げてなさい」と言われた。数カ月後、手を挙げる児童は自分とあと一人だけになってしまった。「日の丸」を掲げないのは「罪悪」と言われているように感じた。母はしぶしぶ「日の丸」を買ってくれたが、２回飾った切りで自宅の倉庫から消えた。行方を訊くと、母は「そんなの、学校が調べることがおかしいの！」と怒りを露《あら》わにした（二〇二二年五月一五日付『朝日』の「窓」欄）。

「国旗国歌法」は一九九九年の「長崎原爆の日」に成立した。条文はたったの２条で、第１条は「国旗は、日章旗とする」、第２条は「国歌は君が代とする」とある。たったこれだけの法律だから、この時の首相の小渕恵三も官房長官の野中広務も、「強制はしない」と答弁していた。国旗の掲揚も国歌の斉唱も義務付けてはいない。

法案提出の発端になったのは、卒業式目前の九九年二月の広島県立世羅高校の校長の自死であった。死の前夜、校長は広島県の教育次長の訪問を受けていた。広島県は当時、卒業式などで君が代を斉唱させない校長には処分するなどの強硬姿勢で臨んでいた。

国歌の強制は教育現場で急速に浸透した。二〇〇四年一〇月二九日付の『朝日』は秋の園遊会の記事を掲載した。東京都の教育委員を務める棋士の米長邦雄氏に天皇が「教育委員のお仕事、ご苦労様です」とお言葉をかけると、「日本中の学校で国旗を掲げ、国歌を斉唱させることが私の仕事でございます」と答えた。すると陛下は「やはり、強制になるというものではないのが望ましい」と述べた。恐縮した棋士は、「もうもちろんそう、本当に素晴らしいお言葉をいただき、ありがとうございました」と応じた。想定された応答ではなかった。

コメントを求められて小泉首相は、「ごく自然に受け止められたらいいんじゃないですか。私もそう思いますね。あまり政治的に取り上げない方がいいんじゃないんですか」と逃げた。民主党の岡田代表は「陛下も人間ですし、当然いろんなお考えをお持ちですから、何も言えないというのはおかしいと思う。一般論として申し上げるが、自由に自分の考えが伝えられるような方向に持っていくべきじゃないか」とコメントした。この二つのコメントは、現場の教員や生徒たちにも、自由に発言し「君が代」の斉唱を拒否する自由があることには言及しなかった。

もちろん、天皇のこの発言は天皇の政治的行為ではない。象徴天皇の「ごく自然な」感想で、違憲ではない。違憲行為は「君が代」を政治的に利用している政治権力者たちのほうである。「君が代」の中で讃えられている当人の「大御心」は「強制は望ましくない」とおっしゃっているのに、臣下である者たちが、一律に強制する、この愚。

この棋士は「もう、もちろんそう」と答えたのだから、教育委員会の場でその旨《むね》を語り、都教委の通達の撤回と処分の取り消しに努めるべきだった。教育の現場では、この天皇発言を一つの梃子《てこ》に闘えるはずだったが、おそらくどこの職員室でも話題にもされなかったろう。

●「君が代」起立斉唱

学校は真善美を教え追究する所だ、と私は思う。教育現場では今、「君が代」の「君」を王者や君主、支配者や統治者ではなく、恋い慕う「吾《わ》が君」と解釈させることによって、主権在民の日本の国歌として定着させられている。「君が代」を起立して歌わぬ教員を、「非国民だ」「アカだ」と呼ぶ生徒や父母たちもいる。

教職員は学校の式典で「君が代」の起立斉唱を求められ、拒否して懲戒処分されるケースがある。批判の根拠に憲法一九条の「思想・良心の自由」を持ち出して憲法違反とすることもできるが、長く教育現場にいた私には、憲法一四条第1項の「すべての国民は、法の下に平等であって、人種、信条、性別、社会的身分又は社会的関係において、差別されない」に抵触する、と反論するほうが、より具体的で実感的である。木村草太「首都大学東京」准教授も指摘するように、「君が代」は起立斉唱して歌わないという個人の「信条」を理由に教職員が差別や嫌がらせを受ける「パワハラ」問題と捉えることができる（二〇一三年六月一一日付『朝日』夕刊）。

千葉県立高校のある校長は、「口をこじ開けて歌わせるのでないから、強制ではない」と強弁した。口をこじ開けないにしても、大阪府教委は府立3校に「口元監視」を指示した。つまり、「君が代」斉唱時に教頭と事務長が斉唱を目視確認するため、教職員の口を覗《のぞ》き込むのだ。

一応、起立するが斉唱しない手もある。しかし、それでは抗議行動にはならない。文科省事務次官だった前川喜平氏は、「国歌を歌いたくない教師たちには、外形上職務命令に従う面従腹背」を勧めるが、学校管理職に「口元監視」されてはアウトだ。

式典に招いておいて、君が代斉唱時に起立も斉唱もしない父母たちまで、処分することはできない。しかし、起立も斉唱もしない父母たちは稀である。式典に来賓として招かれたＰＴＡ役員が、式典前に教頭から起立要請された例もある。それでも、この役員は起立も斉唱もしなかったのだが（二〇一三年七月二四日付『朝日』の「声」）。

東京都立の養護学校の教員が在職中の二〇〇六年、君が代斉唱時に起立も斉唱もしなかったとして、一カ月の停職処分を受けた。最高裁は二〇一三年七月一二日付の決定で都の上告を退け、起立斉唱を求めた職務命令は合憲としたものの、都に賠償を命じ、「君が代不起立訴訟」の判決が確定した。

それでも都教委は同年六月二七日、「実教出版」の「高校日本史Ａ」と「高校日本史Ｂ」を「使用に適切でない」とする見解を都立高に通知していた。国旗掲揚、国歌斉唱に関して「一部の自治体で公務員への強制の動きがある」とした記述について、「国旗国歌の起立斉唱は、児童・生徒の模範となるべき教員の責務であるとする教育委員会の見解と異なる」とした。

文部科学省のキャリア官僚として31年余り公務員だった寺脇研《てらわきけん》は、教育公務員が「自らの思想ゆえに歌えないとあからさまな態度を表明する教員の態度は疑問です」。公務員は「全体の奉仕者」（憲法第15条）であるから、政府文科省の考え方と対立する思想を表に出すと、国民は全体の奉仕者になってくれるかどうか、疑問に思うから、内心をあからさまにする教育公務員は行き過ぎだと批判する（二〇二三年一〇月一一日付『朝日』の「耕論」）。しかし教育公務員も国民であり、「お上」の考え方と対立する考え方の国民もいるのだ。

神奈川県教育委員会も、国旗掲揚と国歌斉唱について実教出版の教科書が「一部自治体で強制の動きがある」と記載していることが県教委の方針と合わないとして、28校に再考を促していた。該当の全28校は、他社の教科書に変更した（二〇一三年八月六日）。

大阪府教委も大阪維新の会府議団の申し入れを受けて同類の意向を示していたが、府立高校１５４校のうち９校が「実教出版」の教科書を使用する意思を示した。府教委は八月三〇日、この８校に対して教科書の記述を補完するために補助教材を用いるよう条件を付けた。埼玉県教委も八月二二日、「実教出版」の教科書を採択する８校に対し、「指導資料集」を併用するよう条件を付けた。

文科省は二〇一四年に検定基準を変更し、「実教出版」は二〇一五年度の検定で、「国旗・国歌法」に関して「一部の自治体で公務員への強制の動きがある」とした脚注の一部を削除した（二〇一六年三月）。

●「要請」は「強制」

下村文科相は二〇一五年四月、国立大学に入学式や卒業式などで国旗を掲揚し国歌を斉唱するよう「要請」した。「要請」はいずれ必ず「強制」に変わる。安倍首相も同年四月、「正しく実施されるべきだ」と答弁した。下村文科相は同年六月の学長会議で「適切な判断」を口頭で「要請」した。

岐阜大学の森脇学長は一六年二月、これまで通り「君が代」を斉唱しない方針を明らかにした。これに対して馳《はせ》浩文科相は「日本人として、特に国立大学としてちょっと恥ずかしい」ことだとコメントした。民主国家が君主の長寿を祈願する「君が代」斉唱を一律に強制することこそ恥ずかしい。

そもそも「日の丸掲揚」「君が代斉唱」のどこが問題なのか。「日の丸」「君が代」が戦争や軍国主義を想起させるからではない。どこの国の国旗も国歌も大抵、戦争が絡んでいる。航空機や船舶などの「日の丸」は所属する国を明示するのだから、問題ではない。国際試合の表彰台で「君が代」を聴いたり、感極《かんきわ》まって「君が代」を口ずさみ独唱するのは問題ではない。国際慣行であり自然な感情だからだ。問題なのは、同一の場に拘束しておいて、「日の丸」を仰ぎ見、「君が代」を起立させて斉唱を強制することだ。教育の場では、愛国心の育成として強制されている。掲揚も斉唱もしない教員は懲戒処分される。歌いたくない「君が代」の斉唱を児童生徒に強要したら、面従腹背の国民を育てることになる。ここが問題なのだ。

二〇二〇年東京五輪・パラリンピック組織委員会の森喜朗会長は競技団体を集めた会合で、「公式行事では君が代を斉唱すること」などと盛り込んだ日本選手団の行動規範の徹底を要望した(二〇一六年七月八日)。事の発端は、七月三日に行われたリオデジャネイロ五輪日本選手団の壮行会の案内状には「国歌斉唱」とあったのに、壮行会の進行が「国歌斉唱」から「国歌独唱」に変わっていて、選手たちが戸惑《とまど》って「斉唱」にならなかったことに因《よ》る。

●なぜ「粛々」？

教委や学校管理職は卒業式などのセレモニーを「粛々《しゅくしゅく》」と挙行させたがる。政治家は「粛々」を好む(円満字二郎『政治家はなぜ「粛々」を好むか』二〇一一年)。彼らは教育者を辞めて、「政治家」になった。

かつて「粛々」には、「ある一群の人びとが歩調をそろえて静かに進む」(同書203頁)というイメージがあった。それが「ある組織なり集団が、秩序を保ってあることを遂行していく」(203頁)というイメージに変わった。そしてさらに「困難な状況の中でも仕事をきちんとやり続ける」

（205頁）という意味が強くなった。だから、政治家は「粛々」を好む。年末恒例の「ユーキャン新語・流行語大賞」のノミネート50語に、二〇一五年は政治関連の言葉が半数近くも選ばれた。その一つが「粛々と」。

この擬態語を、米軍普天間飛行場の移設問題をめぐって菅官房長官が連発した。困難な状況の中でも仕事をきちんとやり遂げたい切望が含意されている。県内移設に反対の翁長・沖縄県知事から「上から目線」と批判されて以降、菅長官は、この言葉を使わなくなった。

「上から目線」の教育関係者は、「困難な状況の中」でも「君が代」を「きちんと」歌わせようと、「粛々と」を乱発する。入学式は入学を許可し、卒業式は卒業を認可するから、国家権力の許認可と同じだ。だから学校も、これらセレモニーを「粛々と」挙行したがる。東京都教育委員会は二〇一〇年と一一年の都立高校卒業式で「君が代」斉唱時の不斉唱不起立で減給処分を受けた現職の教員二人を、一八年二月二二日、改めて戒告処分にした。

東京都の小池知事はダイバーシティ（多様性）という公約を掲げながら、小池知事は会見場の壇上に「日の丸」を設置し、登壇と退壇の度《たび》にお辞儀をする。

最高裁は二〇一八年七月一九日、「君が代不起立訴訟」の原告側に敗訴を言い渡した。

●理念のある国歌なら歌えるか？

「理念のある国歌を歌いたい」という「声」が高校講師からあった（一八年八月二七日付『朝日』）。「理念」と言えば、「君が代」にも「苔のむすまで」天皇の長寿を願うという「理念」はあるだろう。その理念に賛同する国民は歌えば良い。しかし、国民に一律に強制するのは憲法違反である。平成天皇も、「強制はいけない」と発言している。

大抵のスポーツ大会の開会式や閉会式で主催者側は冒頭で選手や観衆に対して「脱帽起立のうえ、国歌斉唱をお願いします」との放送を流す。教育現場の式典でも、一律に起立斉唱を求め、従わない教員は処分され、「アカ」呼ばわりされる。

強制は暴挙である。内心の自由を踏みにじり、憲法第9条の「思想・良心の自由」に違反し、憲法第14条第1項の「すべての国民は、法の下に平等であって、人種、信条、性別、社会的身分又は社会的関係において、差別されない」に抵触する。

すべての国民が同じ理念を持っているとは限らない。どんな理念で作られた歌詞であっても内容に異を唱えたり、曲が気に入らないという国民は居るだろう。

だから、すべての国民に国歌として一律に強制しないことが肝腎である。強制したら、面従腹背の国民を育てることになる。

卒業式では、マスクの脱着も「君が代」の起立斉唱も、「個人の判断」で宜しいのですね、永岡桂子文科大臣さま。

「国旗国歌法」が成立した翌年のことである。小学5年生の女の子が、「君が代」の起立斉唱を拒否した。

この少女が卒業式の予行練習で「国歌」の起立斉唱を拒否したことを知った校長は、校長室に呼び出し、「これはお国の大切な歌だから歌いなさい」と説得を試みた。クラスの友だちも「何やってんだよ、立てよ！」と小声で起立を促がした。教員も、歌わなくても起立くらいすればいいのに、と言った。だが、この子は卒業当日、起立もせず歌いもしなかった（菱山南帆子『嵐を呼ぶ少女と呼ばれて』二〇一七年）。

永井愛の喜劇「歌わせたい男たち」の終盤で校長が演説する―たとえ国歌の嫌いな人が「嫌だなぁ」と思いながら歌っても、「嫌だなぁ」と思う内心の自由は、歌っている最中にさえ、しっかり保障されているではありませんか！。この言葉の矛盾に客席が沸いた。

「お上」が決めたルールは守るのが正しいとマインド・コントロールされた風潮が日本の老若男女に浸透してしまった。

（四）「教育勅語」復権の怪

※「教育勅語」は戦後「日本国憲法と相いれない」として、国会で排除・失効が決議された。

●清水幾太郎『戦後を疑う』（一九八〇年）は、「教育勅語」を取り上げずに、道徳を論じることはできないと言う。「教育勅語」の文章は二つの部分から成っていて、最初と最後の部分は単なる額縁で、第二の部分は「すべての時代のすべての社会に通じる一般的ルールを含む肝腎の絵である。額縁と一緒に絵そのものも全面的に否定してしまっては、日本では「如何なる道徳ももう成り立ちようがない」と、「肝腎の絵」の部分の復活を説いた。

しかし、「勅語」の核心は「一旦緩急アレバ義勇公《こう》ニ奉ジ、以テ天壌無窮ノ皇運ヲ扶翼スベシ」という徳目。国民を縛り、国民の基本的人権をないがしろにし、「公」への奉仕を説いている。「教育勅語のどこがいけない」（二〇〇六年一〇月稲田朋美・国会議員）、「教育勅語自体が全く誤っているというのは私は違うと思う」（二〇一七年三月八日稲田朋美・防衛相）と言いながら、教育勅語のどこが「いけない」か「誤っている」かは言わない。

　文科省は「教育勅語の中には、今日でも通用するような普遍的な内容も含まれ、適切な配慮のもとに活用していくことは差し支えない」と考えている。二〇一四年当時の下村博文・文科相は「至極まっとう。今でも十分通用する」と語り、松野博一・文科相は「憲法や教育基本法に反しないような配慮があれば教材として用いることは問題としない」（三月一四日）と言う。政府答弁書も、憲法や教育基本法などに反しない形で教育勅語を教材にすることを否定しない（三月三一日）。義家弘介・文科副大臣も教育勅語の朗読は「法に反しない限り問題ない」と答弁した（四月七日）。しかし、政府は教育勅語の「どこが違反で、どこが違反でないか」明言しない。憲法や教育基本法に反する箇所は省いて朗読するのか。「反しないような配慮」が必要なのはどの徳目なのかには触れない。適切かどうかの判断や不適切に使った場合の対応をするのは、都道府県などの自治体と所轄庁である（政府答弁書）。松野文科相は「教師に一定の裁量が認められるのは当然」と言うが、実際は今の教育現場の教員には何の裁量権もない。

　教育勅語は負の歴史を学ぶ教材として使えるか。教育勅語に因る悲劇を授業で教えては、という「声」がある（二〇一七年四月一八日付『朝日』）。元小中学校教員からの投書だから、教育勅語復活派はこの意見に飛び付くだろう。しかし、教育勅語が招いた悲惨を授業で教えたら、その教員は、教育の「政治的中立」に違背したとして、「問題教員」のレッテルを貼られるしまうことぐらい、この元教員も分かっているだろうに。

「いけない」「誤っている」問題の箇所こそ、教育勅語の根幹部分。それは「一旦緩急アレバ義勇公《こう》ニ奉ジ、以テ天壌無窮ノ皇運ヲ扶翼スベシ」という徳目。勅語の核心は、「お上」に対する忠誠心。天皇を頂点とし、国民をその「臣民」と規定し、自民党の憲法改正案は天皇を国家元首としている。この天皇を家長とし盟主とする家族主義国家をアジアにまで拡大して「侵略」を「解放」と偽称したのが、「大東亜共栄圏」構想だった。

教育勅語復活は不可解。教育勅語の精神は「高い倫理観に世界中から尊敬される道義国家を目指すこと」（三月八日稲田防衛相）だと言うが、稲田氏の挙げている「高い倫理観」とは「親孝行し、兄弟仲良く、友を信じ合う」こと。どの国や社会でも推奨されていて「至極まっとう」、ごく当たり前の徳目である。何もわざわざ教育勅語を持ち出すまでもない。根幹部分を省いて当たり前の部分だけを取り上げて、摘まみ食いさせるのは、問題の本質の隠蔽である。

●鴻池祥肇《こうのいけよしただ》・元防災担当相は森友学園の園児たちの教育勅語の暗唱に感動し、安倍首相と昭恵夫人も森友学園の教育実践に共感していた。「新しい歴史教科書をつくる会」や「道徳教育をすすめる有識者の会」などに後押しされて「道徳」が小中学校で教科に格上げされ、「修身」の検定教科書が出そろった。

教員は検定教科書どおりに教えなくてはならず、児童生徒は検定教科書の説く規範や徳目を面従腹背であっても受け入れざるをえず、真の有徳者には育たない。彼らは建前と本音を使い分ける大人の処世術を幼くして学ぶ。教員はそういう児童生徒を高く成績評価せざるをえない。

　教員は、また道徳家としての役割を担わされる。「道徳家としての教師」は、「両親、神、あるいは国家の代わりをする。彼は、学校の中だけでなく、社会全体の中で、何が正しいか、何が誤っているかについて、生徒を教化する。彼は生徒の一人一人に対して親のような立場に立ち、すべての生徒が確実に自分は他の生徒と同じ国家の子供だと感じるようにするのである。」（イヴァン・イリッチ『脱学校の社会（1970）』小澤周三訳一九七七年67頁）。

「よう、センセー」などと小馬鹿にされながら、社会教化までできない。「道徳教育が成功した例は世界史上、いまだにない」（『論語』研究者の加地伸行）。

●教育勅語は明治二三（一八九〇）年に発せられた。しかし、天皇の署名のあとに内閣総理大臣以下の国務大臣の責任を示す副署がない。これは異例の形式だった。

　立憲政体は「君主ハ臣民ノ良心ノ自由ニ干渉セズ」（当時の法制局長官・井上毅《こわし》）が基本。国政事項に必要とされる大臣の副署をあえて付けない勅語を、「政事上の命令」ではなく、「社会上の君主」の「著作公告」であると苦心の説明が為された。

　天皇の言葉に伴う責任を誰が負うのか。教育勅語を朗読させ、「道徳」の教材として活用させると言っても、一九四八年に失効になった教育勅語の責任を現憲法下で誰が引き受けるのか。

　柴山昌彦文部科学相は就任早々、「教育勅語」について「道徳などに使うことができる分野は十分にある」「現代風に解釈され、あるいは道徳教育などに使うことができる分野というのは十分にある」

と発言した（二〇一八年十月二日）。「教育勅語」の本質は滅私奉公である。柴山文科相は、「教育勅語」が戦後なぜ国会で失効されたかを知らない。これは教育現場で安倍首相の真意を忖度し先取り実践するのに似ている。

現行の憲法は、個性が考え方の違いを尊重し、どう生きるかを個人に委《ゆだ》ねているから、内心に立ち入って特定の価値観を強要し義務づける教育勅語や自民党の憲法草案は、これに抵触する。

一九四八年に失効になっても、教育現場では復活の声が密かに生きていた。これらの復古調の発言と風潮に後押しされて教育現場の復古派が元気づき、これに多くの教員が迎合することを、現場経験のある私はひどく怖れる。

なお、木原稔防衛相も二〇一二年二月、自身のホームページに「教育勅語の廃止で道義大国日本の根幹を失ってしまいました」などと記載している。「日本の根幹」を失わせたのは、「政治倫理綱領」に違背し「統一教会」と「濃厚接触」し、日本国民を浸食した政治屋である。

心の内まで常に監視されているから、画一的な通念に盲従することに努め保身を図《はか》る社会が到来する。それは、ジョージ・オーウェルのディストピア小説『１９８４年』の世界の現出である。

（五）「自由主義史観」と新しい歴史教科書

●自国の加害の歴史ばかりを教えるのは自虐的であるとする政治的言論勢力が横行し、「自由主義史観」を掲げるデマゴーグたちが「新しい教科書」を発行している。政府文科省は、G・オーウェルの『1984年』の「真理省（The Ministry of Truth）」よろしく、次世代の日本国民を「自由主義史観」で洗脳しようとしている。

加害と被害は表裏一体。加害を語らないのは不公平だ。ところが日本の歴史教育では、過去を直視させまい、加害を教えさせまいとしている政治勢力が跋扈《ばっこ》している。

例えば、「南京事件」については犠牲者の人数をできるだけ少なく記述する。中国政府は三〇万人を公式見解とし、日本では数万から二〇万と見方が分かれる。しかし、事件自体は否定しようがない。人数は史実の重要部分ではあるが、歴史教育の本質ではない。

長崎県の離島の中学校でのこと。南京攻略戦中の「百人斬り競争」を、戦争になると人を殺すことが英雄視される例として、当時の新聞見出しを紹介したら、「はっきりしないことは教えるな」「自虐教育は反日だ」という匿名の抗議が殺到し、右翼団体も島にやって来た。

かつて日本が朝鮮半島の人たちから母語や名前、土地を「奪った」とするプリントを、大阪府の中学校の校長は「奪うという表現は短絡的だ」として回収した。

慰安婦問題については一九九三年、河野官房長官が様々な資料や証言を基に、慰安所の設置や慰安婦の管理などで幅広く軍の関与を認め、日本政府として「おわびと反省」を表明した。ところが、安倍晋三元首相（注）ら一部の政治家が、強制連行を示す資料が確認されない、人さらいのように慰安婦を連行する「狭義の強制性」はなかった、として、河野談話の見直しを求めた。多くの女性が心身の自由を侵害され、名誉と尊厳を踏みにじられたことは否定しようのない事実である。

（注）安倍元首相は二〇一二年九月二六日、自民党の新総裁に選ばれた。第四六回衆議院選挙（一二月一六日投開票）では自民党が第一党になり、再び安倍政権が発足した。

しかも日本政府は、旧日本軍の慰安婦問題が他国にも波及するのを怖れて、韓国で実施したような聞き取り調査を、東南アジア［フィリピン・インドネシア・マレーシア］では回避していた。当時、日本軍が占領した蒙彊地域には慰安所は無かったにしても、慰安婦のような扱いを受けたモンゴル人女性がかなり居たことは間違いない（拙書『脱南者が語るモンゴルの戦中戦後』二〇一五年276頁）。

●「自由主義史観」のデマゴーグらは、「現在の価値観で過去を見るな」と説く。ならば、公娼制度が存在した当時の価値観からすれば、「従軍慰安婦」などは悪いことでも何でもない。

叙述される歴史は、歴史家の生きている時代の価値観に基づいて書き換えられる。歴史的に見るとは、対象とする時代の価値観で見ることではなくて、その時代を生きた人々の眼には何がどのように映っていたのかを探ると同時に、何が見えていなかったかも知ることである。だから、「過去の価値観」を「その時代特有」のものとして認識することと、現在の価値観を基準に歴史を認識したりすることとは、何ら問題なく両立する。

安倍自民党は二〇一三年四月から「教科書法」（仮題）の制定を検討し、南京事件や慰安婦問題などを念頭に「学説未確定の事項は確定的な記述を避ける」方針で、「教科書法」の制定を検討している。

●教科書の「広域採択制度」により沖縄県八重山地区は石垣市・与那国町・竹富町の3市町で一つの「採択地区」になっている。ここの「採択地区協議会」は二〇一一年、「新しい歴史教科書をつくる会」系の中学公民教科書に育鵬社版を選んだ。しかし、竹富町は独自に東京書籍版を採択し、無償給付されないので民間からの寄付で東京書籍版を買って、無償配布していた。ところが文科省は、地方自治法にある「是正要求」(注)という規定に拠り、育鵬社版を使用するよう沖縄県に指示する方針を採った(二〇一三年九月三〇日)。文科省は何が何でも「新しい歴史教科書をつくる会」系の教科書を使わせたいのだが、教科書は、学校や市町村が教育方針に合わせて選ぶべきものだ。

沖縄県教育委員会は一三年一一月二〇日、6人の委員全員が「町の教育現場に大きな問題は生じていない」と判断、竹富町には是正要求を出さないことを確認した。一方、文科省は二〇一四年三月一四日になって、竹富町教育委員会に直接、「是正要求」を出した。政府が直接、「是正要求」を出すのは初めてで、極めて異例だ。

(注)「地方自治法」は、市町村に違法行為や不適正な事務処理があると認められる場合、都道府県などに「是正要求」をするよう国[政府]が指示できると規定している。文科省は「不適正な事務処理」と見なしているが、一方、竹富町教委も「手続きがおかしい」と東京書籍版を採択した。政府による是正要求に対して市町村側には改善の義務はあるが、従わなくても罰則はない。

●**日本の教科書検定は教科書以外の副教材にも及ぶ。**

・横浜の市立中学校では、横浜の自然や歴史などをまとめた副読本「わかるヨコハマ」の回収が行われた。「朝鮮人虐殺事件」に関して、「軍隊や警察、（中略）自警団などは朝鮮人に対する迫害と虐殺を行い、また中国人をも殺傷した」という歴史学の定説に従って書いた部分を一部の市議が問題視して改訂と回収を要求したからである。

神奈川県にも、朝鮮人虐殺を目撃したという証言が多数残されていたが、二〇二三年九月、神奈川県内で起きた朝鮮人への殺傷事件59件の概要と殺害された計１４９のうち14人の氏名も記されている公文書が見つかった。神奈川県知事から内務省警保局長に宛てた一九二三年一一月二一日付の公文書である。

松野博一官房長官は二〇二三年八月末の記者会見で「（朝鮮人虐殺の）事実関係を把握することのできる記録が見当たらない」と答えた。虐殺を示す公文書は幾つも存在するし、事実関係を示す記録や証言証拠は山のようにある。見当たらないのはそれを否定する証言や記録のほうだ。

小池百合子東京都知事は都知事に就任した二〇一六年には墨田区の公園で開かれている追悼式に知事名義で追悼文を送ったが、翌年以降は取り止めている。

小池都知事は送らない理由を、「大震災で犠牲となった全ての方々に哀悼の意を表わしている」と述べている。だが、自然災害での死と人の意思による虐殺では意味が異なる。自然災害の犠牲者で括《くく》るのは朝鮮人虐殺という史実から目を逸らし、史実を否定する主張に都民をマインド・コントロールしているように思える。

・松江市で中沢啓治『はだしのゲン』の閲覧を制限した問題は、市教委が不当に介入したことと、市内の校長会が市教委事務局の「お願い」に「時局の要請」とばかり唯々諾々と従ったことにある。

松江市教委は二〇一三年八月二六日、市教委事務局の手続きに不備があったとして、閲覧制限を撤回することを決めた。

一方、二〇二三年二月になって広島市教育委員会は、広島市立の小中高校で平和教育に使われていた教材を、二三年度から改訂し、『はだしのゲン』を別の教材に差し替えることを決めた。

一〇年前の閲覧制限の理由は「表現が過激」だったが、今回の差し替えの理由は「被爆の実相に迫りにくい」だ。

しかし、『はだしのゲン』は被爆の実相に迫る名作。戦時スローガンでマインド・コントロールされ、思考判断を狂わされた実相も伝えている。

二〇一六年度用の中学歴史教科書に新規参入の出版社「学び舎」が慰安婦の記述を復活させ、現在、国私立計三八校が採択している。私立灘中学校もその一つ。採択後、自民党議員から詰問の電話があり、抗議のはがきが灘中の校長宛てに数百枚届いた。

●日本も政府の主導で官民合同の「アジア女性基金」を設立し、元従軍慰安婦に対しては「償い金」を出してきた。しかし、河野談話の見直しを求める政治勢力や従来の歴史教育を自虐史観とするデマゴーグが跋扈《ばっこ》しては、補償事業の継続も危ぶまれる。

安倍総裁は前回の安倍政権時代に、教育基本法を改正した。「我が国と郷土を愛する態度を養う」との愛国心条項を加える一方、教育の「不当な支配」を禁じる字句を削った。そして、今回の衆院選では憲法を改正し、国防軍の創設も公約に掲げた。

安倍首相の唱える教育改革とは、教育に不当に介入し、一つの価値観で教育内容を染め上げることである。また「新しい教科書をつくる会」が元気づく。

安倍政権は二〇一三年一月一〇日、首相官邸に設置する「教育再生実行会議」（仮称）のメンバー15人を内定した。メンバーには、「新しい歴史教科書をつくる会」元会長の八木秀次氏、全日本教職員連盟の河野達信委員長、作家の曽野綾子氏ら保守系の「論客」が居並んだ。

●一九九六年一二月に「新しい歴史教科書をつくる会」を設立した藤岡信勝は、ディベートで歴史教育を行った。ディベートは、一つの論題について肯定側と否定側に分かれて論理展開力の優劣を競うゲームで、当人がその論題に関してどんな見解を持っているかは全く関係ない。言い換えれば、当人はどちらの立場に立っても論理を展開でき、その論理展開力のみで優劣を競うということだ。例えば、藤岡は、「大東亜戦争は自衛戦争であった」という自分の政治的主張を一方の立場としてディベートさせた。すると、それを肯定する側に立たされた生徒や学生は、それを肯定する根拠のみで論理を展開することになる。議論の優劣を判定するのは、藤岡自身であるから、賛成派に軍配が上がるのは当然である。

●「慰安婦記事を捏造した」として批判され続け、家族や周辺にまで攻撃が及んでいた元朝日新聞記者が損害賠償などを求める訴訟を起こした（二〇一四年一月九日）。一方、教科書会社「数研出版」は、一五年四月から使用される「現代社会」と「政治・経済」の教科書3点から、「従軍慰安婦」と「強制連行」という言葉を削除する。例えば、「強制連行された人々や『従軍慰安婦』らによる訴訟が続いている」という箇所を、「国や企業に対して謝罪の要求や補償を求める訴訟が起こされた」と直す。

文科省は検定通過後に教科書会社が記述を訂正しなければならない場合の理由として、「誤植」がある場合と「客観的事情の変更に伴い明白に誤りとなった事実の記載」があった場合を規則に挙げている。しかし、戦時下に軍の関与の下に慰安所を設け、将兵の性の相手をさせられた女性がいた事実は変わらない。

少女の慰安婦像を二〇一一年一二月一四日、韓国の日本大使館前の歩道に「韓国挺身隊問題対策協議会」が設置した。朝鮮人慰安婦については、特に日韓に感情の縺《もつ》れがある。東南アジアなどの戦地や占領地と違って、朝鮮半島は大日本帝国の植民地だから、朝鮮の人々は当時、「準日本人」であり少なくとも表面上は日本軍に協力せざるをえなかった。「軍人に強制連行された」という証言もあるが、朝鮮人を含む売春業者に騙《だま》されたり親に身売りされたりして集められ、慰安所に送られたケースが多い。民間の朝鮮人捕虜が朝鮮人慰安婦は「志願か親による身売り」と答えた米軍の尋問記録もある。

朴裕河《パクユハ》『帝国の慰安婦』（二〇一四年）は、日本の官憲が少女たちを暴力的に連れ去ったという、韓国内での一面的なイメージに疑問を投げかけ、むしろ物理的な連行の必要すらないほどまでに女性たちが追い込まれ、様々な理由で慰安婦にさせられた実態を指摘した。しかし、日本軍が慰安所を設置した事実と、彼女たちが痛ましい苦痛を強いられたことに変わりはない。

他の教科書会社も倣《なら》う惧《おそ》れがある。日本の「負の歴史」を抹消する動きは、なお続いたが、二〇一五年一二月、慰安婦問題を巡る日韓交渉が進み、二八日、合意に達した。日本政府は軍の関与や政府の責任を認め、元慰安婦支援のために韓国政府が設立する財団に日本から一〇億円拠出すると表明した。しかし、在韓日本大使館前の「少女像」の扱いが問題になっている。日本政府は一〇億円拠出の前提条件として「少女像」の移転を求め、一挙に慰安婦問題に決着を付ける考えで、合意文書には「関係団体と話し合いを行ない、適切に解決されるよう努力する」と盛り込んだ。日本側は移転の内諾を得たと認識しているが、複数の韓国政府関係者は「我々が交渉の場で移転を約束したことはない」と言い、元慰安婦や支援団体の反発は激しい。韓国ギャラップ社の世論調査では「少女像」について「日本政府の合意履行にかかわらず、移転に反対する」との回答が76％を占めた（一六年九月二日）。合意が無効、破棄されることも考えられる。

日本政府が軍の関与を認め「責任を痛感する」ことで合意したにもかかわらず、自民党の桜田義孝衆院議員は二〇一六年一月一四日、慰安婦について「職業としての娼婦《しょうふ》・ビジネスだった。これを何か犠牲者のような宣伝工作に惑わされ過ぎている」と発言。発言後、報道陣からの取材を拒否していたが、同日夕方、「誤解を招く所があり、発言を撤回する」とのコメントを出した。この問題発言に対し韓国外交省報道官は、「歴史の前に恥も知らない一介の国会議員の無知な妄言に対し、いちいち答えることに一顧の価値も感じられない」とコメントとした。

一七年六月二一日、岸田文雄外相と韓国の康京和外相は電話協議を行ない、康外相は慰安婦問題に強い関心を示したが、「日韓合意の再交渉といった踏み込んだ要求はせず、両外相は未来志向的な関係を発展させる」ことで一致した。

●一〇年前に米国のスタンフォード大学で日中韓米の歴史教科書の戦争記述を読み比べる学術会議があった。日本の歴史教科書は冷静で中立的に書かれているが、面白くない（not interesting）と評価された。中国の教科書は「すべてが中国人の英雄的戦いの物語にされている」と指摘された。ただし、中国人には面白いだろうし、感動を与えるだろう（二〇一三年九月五日付『朝日』の「社説余滴」）。安倍政権は「グローバル社会を見据え、日本のアイデンティティーを学ばせる必要がある」として、高校日本史の必修化を検討し、独善的な歴史教育を意図している。

文科省は二〇一五年四月、翌年度から使う中学教科書の検定結果を公表した。社会科については、「政府見解がある場合はそれに基づいた記述」「近現代史で通説的な見解がない数字などはそのことを明示」するなどの検定基準を設けていた。下村文科相は「バランスをより取る方向にまとまりつつある」と自画自賛した。しかし、その時の政府見解を必ず付けるのだから、一方的であり、政権が替われば、見解も変わりかねない。バランスは著しく欠く。

教科書は面白くなくても、多様な解釈が学べれば良い。面白くするのは、教える側である。教科書どおりにしか教えられない二流の教師を日本の教育界が養成していることこそ問題だ。教科書に載っていない情報を盛り込み、出来事を多面的に考えさせる一流の教師は生き残れなくなる。

一方、二〇一八年三月から中国の中学校で使われる歴史教科書から、「文化大革命」の項目が削除される見通しだ。文革を発動した毛沢東の過ちを認める表現が削られると見られる。中国共産党は一八年の決議で「指導者が誤って引き起こし、党と国家、人民に深刻な災難をもたらした内乱」と総括した。

●二〇一五年四月末、米国を訪問した安倍首相は、米議会上下両院合同会議で演説し、先の大戦への「痛切な反省」に言及したが、「侵略」や「おわび」という言葉は使わず、慰安婦問題には直接言及することを避けた（四月三〇日）。戦後七〇年に合わせ「閣議決定」を経て出した「安倍談話」は、「村山談話」「小泉談話」に盛り込まれた「植民地支配」「侵略」「痛切な反省」「心からのおわび」といった文言を使いはしたが、間接的な表現が目立った。主語として「私は」を一度も用いず、その英訳文でも〝I〟はたった4回しか使われておらず、代わりに〝we〟あるいは〝Japan〟を頻用し、主体性のない談話に終始した。八月一五日の全国戦没者追悼式の式辞で安倍首相は、アジア諸国への加害責任には二〇一八年も六年続けて触れなかった。

一方、天皇陛下は「おことば」の中で二〇一八年も「深い反省」という表現を使い、「ここに過去を省み、深い反省とともに、今後戦争の惨禍が再び繰り返されないこと」を切に願うと述べた。

✍「自由主義史観」は国策礼賛史観

●安倍晋三首相は一九九五年の「村山談話」の見直しを巡り二〇一三年五月八日、「侵略」の定義を、国連はしていないと発言した。しかし、国連は一九七四年の総会で「侵略の定義に関する決議」を採択していた。

「知識水準」の低かった安倍は「侵略の定義は学界的にも国際的にも定まっていない」とし、「どんな行為が侵略に当たるかは歴史家の議論に委ねる」と逃げ、日本の侵略を頑《がん》として認めなかった。だが、日本軍の侵略を防衛戦争と呼ぶデマゴーグは歴史家でも歴史研究者でもない。彼らは並《な》べて「歴史修正主義者」で歴史の非専門家である。

●藤岡信勝は、戦後の歴史教育はマルクス主義の影響を受け、日本史の負の部分を殊更に強調する一方で正の部分を過小評価するから「自虐史観」だと決めつけ、それに対し「自由主義史観」を提唱し、成し、「日本人であることに誇りを持てるような教育を」と主張した。

藤岡は「司馬史観」を都合よく利用し、彼らの運動が影響力を持ち始めると、明治の歴史を「成功の歴史」、昭和の歴史を「失敗の歴史」と描く「司馬史観」を、「便利すぎる歴史」として、さっさと捨て去った。

これに賛同する「論客」たちには歴史学の以外の分野の専門家や非専門家が多い。そもそも藤岡は歴史学者ではなく、教育学が専門で、近現代史に関しても門外漢である。

文科省は「広域採択制度」に梃《てこ》入れし、「自由主義史観」の「新しい歴史教科書をつくる会」系の教科書採用を「要請」している。二〇一五年四月の朝日新聞の調査では、日本の歴史教育を「自虐的」と思う人は35％で、「そうは思わない」は47％だった。

●クローチェは、「すべての歴史は現代史である」と宣言した。「歴史というのは現在の眼を通して、過去を見るところに成り立つものであり、歴史家の主たる仕事は記録することではなく、評価することである」。「すべて歴史的判断の基礎には実践的要求があるので、すべての歴史は『現代史』という性格を与えられている。なぜなら、叙述される事件が遠く離れた時代のものに見えても、実は、その歴史は現在の要求および状況―その内部に事件がこだましているのである―について語っているのであるから」（『自由の物語としての歴史』英語版一九四一年清水幾太郎訳）。

E．H．カーは、「歴史とは現在と過去の対話である」と語った。歴史家の仕事は「現在を理解する鍵として過去を征服し理解することであります」（『歴史とは何か』一九六一年清水幾太郎訳）。

歴史家は、自分の生きている時代の価値観に基づいて歴史叙述する。歴史的に見るとは、対象とする時代の価値観で見ることではなくて、その時代を生きた人々の眼には何がどのように映っていたのかを探ると同時に、何が見えていなかったかも知ることである。だから、「過去の価値観」を「その時代特有」のものとして認識することと、現在の価値観を基準に歴史を認識することとは、何ら問題なく両立する。

「自由主義史観」に賛同する歴史の専門家は少なかったが、近年、歴史の専門家も「自由主義史観」での著作や発言をする歴史研究者が出てきた。その一例が、宮脇淳子『日本人が知らない満洲国の真実　封印された歴史と日本の貢献』（扶桑社二〇一八年）。日本人は「良いこともした」という観点に立っている。「良いこと」よりも「悪いこと」のほうが圧倒的に多いのだが。

著者の宮脇淳子も監修者の岡田英弘も東洋史の専門家である。「はじめに」にある歴史叙述についての二人の見解は、歴史家の見解とは到底、思えない。以下、アジアの近現代史上の事象や事件を例に論を進める。

「現在から見てよかったか悪かったかというのは、歴史ではなく、政治です」と宮脇は言う。それでは歴史家はなぜ歴史を書くのか。歴史家は自分の生きている時代の価値観に基づいて歴史を解釈し直して叙述し、同時代の人々は歴史から学ぶ。

宮脇は、歴史家が歴史を書くのは、「起こった出来事すべての説明につじつまが合うような、よりよい歴史を残したいからです」つまり「整合性の取れた説明」をすること。「良い悪いや善悪の判断は、生身の人間がすることではなく」「そこにいた人たちがどう考えていたかを、実感を持って理解するため」だと言う。それでは、そういう歴史叙述から現代人は何を学ぶのか？

新しい歴史教育の提唱者である藤岡信勝は、「歴史教育の最大かつ究極の価値基準」を「日本国民がこれからの時代をより幸せに生きていくための基礎的教養を身につける機会」になっているかどうかであるとした。「より幸せに生きていくために」（藤岡）、「よりよい歴史を残したい」（宮脇）と言うことか。

その当時の価値観で解釈して「整合性の取れた説明」をすれば、「よりよい歴史」なのか。「そこにいた人たち」には迷惑な解釈で、日本人には都合の良い説明である場合もある。すると、当時の日本政府が取っていた国策を是認する説明になるではないか。

「すべては経済で決まる」マルクス主義の歴史観は空想的で、しかもアジアには当てはまらないと言う。人間は「お金だけで行動しない」が、結局、人間の行動は経済的理由で制約される。

（1）日本の満洲進出は、「実際には、日本は満洲に野望があったというより、その場その場で対処しているうちにズルズル引き込まれていった、とする方が正しい」と言う。こういう見方は、政治指導者には都合の良い説明で、当時の国策の是認である。

（2）日本人は満洲開発に貢献した（226頁、272頁、305頁）。それは、満人と漢人を搾取酷使してのことだった。

（3）張作霖爆殺事件は河本大作の単独犯行ではない（220頁）。もしそうだとしても、事件に関わっていたのは史実で、日本人にも加害責任はある。

（4）満州拓殖公社が一九四一年春に所有していた二千万町歩の土地のうち、中国人がすでに耕していた土地は二五〇万町歩に過ぎなかった（２７４頁）。しかし、土地を収奪したのは史実。

（５）「三光」は中国語なので、「三光作戦」は日本人がやったことではない。極寒の地で赤子が丸裸で暮らしているという山室信一『キメラ』の記述は間違いで、部屋にはオンドルがあるから暖かかった（２７７頁）と言うのは、変だ。農民たちはそういう暖かい家を焼かれたのだから。

（６）日清戦争後に「閔妃暗殺」は朝鮮人暴徒の仕業（３７頁）だと言うが、日本公使の三浦梧楼《ごろう》の使嗾《しそう》に因《よ》る事件だった。

日韓併合後に残虐行為をしたのは日本軍の服を着た朝鮮人の憲兵や日本人の制服を着た朝鮮人の警察官だった（８３６頁）。日本人の憲兵も警官も残虐だった。

（７）万宝山事件（一九三一年）後に朝鮮人農民が土地を奪われたが、満洲に朝鮮人農民を入植させたのは日本の国策である。

（８）辻政信『ノモンハン秘史』は「一勝一敗」とか「引き分け」と強弁していた。宮脇は「ノモンハン事件は両者の敗北」（２９１頁）だと言う。どちらも日本の敗北を隠蔽する詭弁である。

●「自由主義史観」は司馬遼太郎の「司馬史観」を悪用する。司馬は実際の歴史を書いたのではなく、フィクションを書いたのだ。司馬は信憑性に乏しい史料も巧みに採り入れ、複雑な史実と実在の人物の複雑な面を巧みに単純化して日本人受けするように語ったから、司馬の歴史小説は「限りなく事実に近い」と受け取られているが、史実ではない。

『坂の上の雲』は旅順攻略戦を指揮した乃木希典《まれすけ》と第三軍司令部の無能さを暴露し、満洲派遣軍総参謀長の児玉源太郎と連合艦隊参謀の秋山真之《さねゆき》の軍事的天才振りを活写した。が、司馬がクローズアップした児玉による二八センチ榴弾砲の投入が決定打ではなく、決め手となったのは長い時間を要した坑道の掘削と地下からの要塞爆破だった。

上村彦之丞《かみむらひこのじょう》が指揮した第2艦隊は蔚山《ウルサン》沖でロシア海軍の主力艦を丁字《ていじ》戦法で撃沈したが、その海戦には東郷平八郎も秋山真之《さねゆき》も居なかった。日本海海戦を圧勝に導いたのは、上村によるウラジオ艦隊撃破の経験であった。連合艦隊司令官の東郷平八郎は日本海海戦で判断ミスをしていた。

舵が故障した旗艦スヴォーロフに替わって第2番艦アレクサンドル三世が先頭を進んだ。北への遁走を意図していると判断した東郷は左方への一斉回頭を命じた。しかし上村は南に逃げると判断して第2艦隊は左回頭しなかった。その結果、バルチック艦隊を挟撃、アレクサンドル三世、ボロジノ、アリョールなどの主力艦を次々に撃沈し、バルチック艦隊は壊滅した（『歴史街道』二〇一九年七月号）。

「自由主義史観」は「史実は曖昧」で「見方は様々」だとして、その史実を全面否定しようとする。小池百合子都知事も、歴代の都知事が関東大震災の「朝鮮人犠牲者追悼式」に寄せていた追悼文を連続して送っていない。小池知事も、虐殺の有無について「様々な見方がある」と曖昧な言い訳をしている。

渋沢栄一や内村鑑三らは、震災は天罰であるという「天譴論《てんけん》」を展開し道徳論に転化させた。吉野作造は復興に当たっては、精神論として「自助的精神」や「相互扶助」などを強調した。東日本大震災当時、東京都知事だった石原慎太郎も「天罰だ」と評した。

九月の始業式の「校長講話」で、関東大震災の話しをする校長は多いが、朝鮮人虐殺に言及する校長は稀だろう。特に地元で朝鮮人虐殺が発生した場合には、教育委員会や議員から「お咎《とが》め」を受けるし、地元民からは「地元の恥を曝《さら》した」と非難されるからだ。

一般庶民には負の史実は無いと信じたい心理が働く。「歴史修正主義」や「自由主義史観」は、この心情に乗じて日本の負の歴史を否定し正の歴史を過大評価して、史実を改竄《ざん》する。デマゴーグらが日本の歴史教育を犯している。

米国のケント・ギルバート弁護士の『儒教に支配された中国人と韓国人の悲劇』（講談社）が、二〇一七年の新書ノンフィクション部門で第一位になった。中国社会や韓国社会を「『禽獣《きんじゅう》以下』の社会道徳」の支配する社会と評している。これらは日本の「現政権の枠組みの中で起きたことだ」（二〇一八年九月二七日付『朝日』保阪正康）。

日本政府は負の歴史についての説明責任を果たそうとせず、「禽獣以下の社会道徳」で国民をマインド・コントロールしている。

☹政治的中立と偏向教育

史実の探究に、公権力の介入があってはならない。

歴史の授業で「偏向」と非難されるのは、主として日清・日露戦争以降の、戦争や植民地支配に関わる授業である。

その攻撃は、いわゆる「歴史修正主義」に基づく。歴史修正主義は学問的検証に堪えられない言説で、学問の場でまともに相手にされないから、一部の政治勢力の力を借りて教科書や授業に不当に介入し、「政治的に中立でない」「偏向している」と攻撃を仕掛ける。

教育委員会や学校管理職は、多様な見解がある事柄や未確定な事柄を取り上げる場合、「両論併記」したり「多面的多角的」な視点で授業をせよ、と指示する。それでも「彼ら」の意に沿わない例を挙げたりすれば、「問題教員」のレッテルを貼《は》られる。

彼らは「政治的中立」の名を借りて、不当に教育に介入する。自民党は二〇一六年、党のホームページで、教育現場の「政治的中立性を逸脱するような不適切な事例」を募った。しかも「いつ、だれが」など具体的な情報を所定の欄に記入するよう求めた。これは「生徒からの密告を促すものだ」(二〇一六年七月一〇日付『毎日』)。

G. オーウェルに言わせると、「政治的目的」とは「世界をある一定の方向に動かしたい、世の人々の理想とする社会観を変えたいという欲望」のことである。「彼ら」こそ政治的に偏向し、政治的意図を以って人々をマインド・コントロールするのである。

(六)「道徳」の教科化と道徳教科書

◎道徳教育の欺瞞

戦前戦中、当局は「教育勅語」で国民の心を、「戦陣訓」で兵士の精神を、マインド・コントロールして縛った。

今度は道徳教育を教科に格上げして低学年から国民を「洗脳」する。日本の道徳教育は子どもに「権利」を教えず、進んで「義務」を果たすことを教える。

中教審の道徳教育専門部会主査である御用学者は、「道徳性を養うことは学校教育の根幹」だと語る（二〇一五年二月五日付『朝日』）。しかし、学校教育の根幹は徳育ではない。

「道徳」が教科に格上げされれば、道徳の検定教科書を使わせて監視し、使わなければ、長野県松本女子師範学校付属小学校での「川井訓導事件」（一九二四年秋）のようなケースが発生するだろう。

教育改革は結局、教員締め付け策になる。教員は研修に駆りたてられ、「道徳」授業の準備に追われ、研究授業という名目で監視され勤務評定される。徳目を教え込んで「いい子」に育てなければ、教員の指導が悪いとされる。教員にも思想や信条があるし、その自由は保障されて当然だが、「お上」の意向を過剰に忖度《そんたく》して保身に汲々とする「国定教員」ばかりが生き残る。教員社会には「生活保守主義」が蔓延《まんえん》している。

教科だから児童生徒の道徳意識を成績評価しなくてはならない。しかし、評価の仕方を改訂案は示していない。評価される児童生徒は、先生がどういう答えを求めているかを「忖度」し、表面上は「お上」の定めた徳目を受け入れ、道徳度が高いように見せ、いい子にならなくてはならない。これについて、儒教研究者の貝塚茂樹・武蔵野大教授は、「教員はプロとして子どもをしっかり見て判断する必要があり、評価する側の力量が問われる」（二〇一五年二月二五日付『朝日』）と批判する。成績評価に当たって教員は、子どもの内心まで踏み込んで「愛国心」を含む「道徳性」を、相対的に差を付けて評価しなくてはならないのか。

道徳教育の目標は「物事を広い視野から多面的・多角的に考える」ことだという。しかし、徳目を遵守《じゅんしゅ》する規範意識を押し付け、「寄らば大樹の陰《かげ》」の、強い者に従順な面従腹背《めんじゅうふくはい》の大人を育てる。

道徳の教科化は「いじめ」対策でもあると言う。しかし、それで「いじめ」が無くなるわけではない。「道徳」の名の下に、むしろ陰湿化する。『青い山脈』の中で寺沢新子が同級生から嫌がらせに遭った。それは男女交際という「不道徳行為」を「母校を愛する熱情」から正すためだった、と偽ラブレターを書いた女生徒らは開き直った。

教員社会にも「いじめ」がある。教委や学校管理職からパワハラを受け、同僚からの虐めに遭って、「心の病《やまい》」で長期病休は珍しくない。病休を繰り返した挙句《あげく》に退職に追い込まれる。自殺するケースもある。無論、表沙汰《おもてざた》には、されない。

道徳教育は誰に対して必要か。それは大人たちに対してであり、社会教育の分野。道を説き道徳教育を進めようとする大人たちが弱者を虐めるのを止め、自らが掲げる徳目を実践して見せれば、子どもたちの「いじめ」も無くなり、道徳教育は要《い》らない。

国民に憲法で「道徳」を説くのも誤りだ。自民党の憲法改正草案は規定する――「自由及び権利には責任及び義務が伴うことを自覚し、常に公益及び公の秩序に反してはならない」（第一二条）。これは禁止規定。現行憲法第一二条は、自由や権利を「常に公共の福祉のために利用する責任を負ふ」と定めている。こちらは国民の積極的義務だ。

イタリア生まれの日本文化史研究家のパオロ・マッツァリーノ『みんなの道徳解体新書』（二〇一六年）は道徳教育と道徳本の欺瞞を突く。本当に道徳教育は必要か？　学校で道徳が教えられるか？

●「道徳」を教科に格上げしても、特殊な科目になる。「なにかが得意な人が得意でない人に教えて得意になってもらう」のが教育。道徳を教える者が必ずしも道徳の知識の大家でもないし、道徳の実技に優れている訳でもない。道徳教育の必要を説くお偉方《えらがた》が道徳の実践者とは限らない。その真逆であることも多い。彼らは公共の場でマナー違反をしている人に注意したことがあるか。

実践哲学の『ドイツの道徳教科書』（二〇〇九年）は、落書きや喫煙の現場写真を載せて、「見ないふりをするのか、きちんと向き合うのか？」と問いかけている（邦訳書99頁）。

有名人のお偉方が専門外の間違った発言をしても、その有名度の故に一般人は頭から信じてしまう。映画監督の山田洋次と解剖学者の養老孟史《たけし》が『読売』（二〇〇七年三月五日）にモラルの低下について問われて道徳教育の必要性を説いている。しかし両者とも誤った根拠に基づいている。この映画監督は、昔は隣り近所の大人が社会の一員としてのマナーを教えていた、と語った。これは限られた記憶と経験に因る誤解。この解剖学者は、「家」制度が崩壊し欧米流の個人主義が持て囃されたためだと語った。しかし、この解剖学者は「家」制度や個人主義を社会科学のデータに基づくこともなく無責任に論じ、日本社会を解剖していない。日本社会にも個人主義的側面が多々ある。

●「道徳」の定番教材だった「星野君の二塁打」が二〇二四年春から使われる教科書から消えた。「規則の尊重」を伝える別の教材と差し替えると言う。

選手が監督の指示に背いて処分される話しで、上位者に服従を求める古さがあり、子どもの自主性を重んじる現代に合わないとの批判があった。

集団の一員としての生き方と自分らしい生き方との葛藤を体験させるのに適した教材だと私は思っている。

『ドイツの道徳教科書』（二〇〇九年）にも「何でもやりたいようにやっていいの？」という問いかけ（邦訳書94頁）や法律やルールには「従わなければならないの？」（同書98頁）という問いかけがあり、討論する授業になっている。

フィンランドの学校には、道徳に関わる事を学ぶ科目として、「人生観の知識」がある。この科目では倫理（ethics）を学んでも、道徳（moral）は教えない。「倫理」という教科で善なるものを教えても、道徳を教え込んで人の行動に干渉したり、こうすべきだと指示したりはしない。倫理は行動についての規範ではなく哲学的に考える分野である（岩竹美加子『フィンランドの教育はなぜ世界一なのか』二〇一九年新潮社（新書）と『フィンランドはなぜ「世界一幸せな国」になったのか』二〇二二年幻冬舎（新書）から）。

一九五〇年代後半には教員たちが道徳の授業を行わず、一学期間、本格的実施が後れた（『みんなの道徳解体新書』）。しかし、今回の「道徳」の教科格上げに対し、教員らが反対運動をしているとは聞かない。「モラロジー研究所」主催で文部科学省後援の「道徳教育研用学校究会」が開催されている。国定教員が「お上」の定めた徳目の教え方の研修を受けている。

「お偉方」は「小さな親切」を「大きなお世話」と拒絶された体験があるのか。道徳の必要性を説く者が率先して道徳を実践して見せてくれれば、道徳教育は必要ない。

道徳観念の涵養は必要だが、「教育勅語」のように徳目を守るべき道徳項目や社会通念として教え込み、教科として成績評価すれば、「洗脳」になる。「道徳教育が成功した例は、世界史上、いまだにない」（『論語』研究者の加地伸行）。

無着成恭も、薪《たきぎ》を背負って読書する二宮金次郎の銅像の前で、「他人《ひと》が8時間働くなら、10時間働け」と「忍耐」と「勤勉」の道徳を叩きこまれた。しかし、山元村の子供たちの背負う薪や炭や糠《ぬか》は金次郎の背負う薪よりはるかに重く、子供たちはこの欺瞞を見抜いていた。

戦後、西田哲学から唯物論に転じた平和運動家の柳田謙十郎が講演で、「近代の道徳は温順でも忍耐でもない。抵抗である。抵抗である」と叫んだ時、万雷の拍手が沸き起こった（『山びこ学校』の無着の「あとがき」）という。

二宮金次郎像の欺瞞を子供たちと一緒になって暴《あば》き出すのが無着の教育の根幹となった。

✍「山びこ学校」の挑戦

●ブータン映画『山の教室』（二〇一九年）の主人公のウゲンは嫌々ながら、僻地のルナナ村に赴任する。村の2㎞手前で村人たちが総出で出迎えてくれた。それほど村は先生を必要とし教職という専門職を尊んでいたのだ。

しかし、村には電気もトイレもなく、教室には黒板もなく、子供たちにはノートする紙も鉛筆もなかった。

最初の授業で、ある男の子が先生になりたいと言う。「どうして」と問うと「先生は未来を教えてくれる」と答えた。ウゲンは暫らく村に留まることにした。

●戦中と敗戦直後は教員が不足していた。無着成恭が赴任して来る前の6年間に11人の担任教員が赴任しては辞めてしまった。生徒たちは山元村のような辺鄙な村の学校には嫌々ながら赴任して来るのだろうと当てにしていなかった。彼ら「訓導」らは戦中の三年間は皇民教育と軍事教練をし、戦後は付け焼刃《やきば》の民主教師に豹変した。生徒たちは先生を信用していなかった。

思うに教育の社会的機能は二つある。社会に適応できる能力を身に付けさせることと社会を変革する力を育てることである。昔から日本の学校教育は前者に偏っていた。前者は受験秀才を育て、既存体制下での成功者にする。

無着の問題探求型教育は後者の教育の社会的機能に主眼を置いた。

●当時の教科書は、戦前戦中の修身・国史・地理の教科書を、ただ単に民主主義的に焼き直したにすぎなかった。最も困惑したのは新設の社会科だった。

3年間で18冊もの社会科教科書が届いた。その中の1冊の『日本のいなかの生活』には以下のようにあった。

「村には普通には小学校と中学校がある。この九年間は義務教育であるから、村で学校を建てて、村に住む子供たちをりっぱに教育するための施設がととのえられている」。

だが無着と子供たちの目の前には「りっぱな教育施設」は何もなかった。地図一枚も無く、理科の実験道具一つ無く、あるのは粗末な黒板と直ぐ折れるチョークだけで、わら半紙も無かった。茅葺《かやぶ》きの校舎に破れ障子の隙間から寒風や吹雪が吹き込んだ。

社会科の「学習指導要領」には「社会科は教科書で勉強するのではない」「社会の進歩につくす能力をもった子供にしなければならない」と書いてあった。無着はこの言葉を逆手《さかて》にとって文部省の付け焼刃の民主教育に挑戦した。

教育は現実に対する挑戦である。現実を見据えて問題意識を深め、いずれ社会の変革の一翼を担う。「(学校は)いつどんなことが起こっても、それを正しく理解する目と耳を養い、そして誰が見ても理屈に合った解決ができるよう勉強し合うところなのです」。

無着は子供たちの生まれた山元村を社会科の生きた教材にした。自分たちの村はどういう村か、どういう欠点があるか。それを子供たちに調査させて生活記録を書かせた。

●無着の綴り方教育

山元村中学校で無着成恭が実践した作文教育は、今風に言えば、生活を見つめさせる「探求学習だった。「概念くだき」つまり、抽象的な言葉や社会通念を、日常の生活や歴史的体験の場に戻して具体的に考え直すことによって、理想型［こうあるべきだということ］と現実型［実際にこうあること］との間の矛盾に子供たちが気づく学習である。

「作文は文章を巧く書くためにあるんじゃない。考えをまとめる力をつけ、自分の生活を少しでも進歩させるためにあるんだ」。

美文的修辞も紋切り型の抽象表現もない。生活実感を溢《あふ》れる地元の言葉で、生活算数的に数値を挙げた事実に基づいて論理的に考えて綴る作文である。

社会科の教科書には「職業の自由選択の権利がある」と書いてあるが、山元村には職業を自由に選ぶことなどあり得ない。

「同じ人間で、同じくらいはたらいて、一方は一人で五人もの家族を養えるほどの収入があり、他の一方は一人だけでは間に合わなくて、家族全員を動員してさえも生活がいっぱいいっぱいの収入しか上げられないなんて、そんな馬鹿な話ないではないか」。

村の畑の反数を調べてみると、農民は自分の田畑を実際より少なく申告していたことが分かった。先生は「ぜったいごまかしがあってはならない」と言うが、父親は「ごまかしや、ヤミがなければ、今の世の中くらしてはゆけない」と言う。「いったい、何がわるいんだ」。結果、村の行政の実態を暴くことになった。無着の理想と村の現実がぶつかった。

生徒たちの作文集「きかんしゃ」が『山びこ学校』として昭和二六年七月、青銅社から出版された。幼い弟妹と病人や障害者の家族の面倒を看る18歳以下の子どもは現在、「ヤングケアラー」と呼ばれている。彼らも自分の人生を切り拓《ひら》かなくてはならない。

「山びこ学校」の江口江一少年もヤングケアラーだった。父親を早くに亡くし中学2年の時に母親も亡くし、幼い弟妹は親類に預け、体の不自由な祖母の介護をしていたから、学校は欠席しがちだった。公助も共助もあったが、結局は自助するしかなかった。

「僕の家は貧乏で、山元村の中でもいちばんぐらい貧乏です」で始まる「母の死とその後」と題する江一の生活綴方は、「文部大臣賞」を受賞した。

昭和二六年三月七日、映画『山びこ学校』が完成し、一五日、山元小中学校に全生徒と全村民を招待して、盛大な試写会が開かれた。

江一は文部大臣賞を受賞して有名になっても、決してそれに浮かれることなく、原稿依頼が殺到しても二度と綴り方を書くことはなかった。

江一は昭和二七年七月、山元村森林組合の仕事に就いた。脆弱な山元村の農業構造を林業中心に造り返るのが有利だと考えたからだ。森林組合の活動に不可欠な国家試験資格を5つも取った。しかし蜘蛛《くも》膜下出血で倒れ、三二歳になる6日前に短い生涯を終えた。あと10年もすれば、山元村の2千町歩の山林に緑濃い針葉樹が育ち、村の収入の半分、いや3分の2を山林収入で賄えるはずだった。

●山元中学校で3年間、無着の薫陶を受けた佐藤藤三郎は、山元村には「山びこ学校」に好感を持っている人は少ないと、のちに書いている。そして、「山びこ学校」に不足していたものに気づいた。

「端的にいえば、学校での教育のなかには理念や、精神の育成はあっても、生活のための実際の経済問題や現実の生活の糧になるものがないからである。たとえ試験の点がわるかろうとものごとの判断が正しくできればいいと教わっても、現実は進学するにも就職するにも試験の点を高く取らなければ、入学もできないし、会社への採用にもならない。そこでどうすればよいのか、といった具体的な方法を無着先生は示されなかったということである」。

●一方、教育現場を追われ、千葉県多古町の成田空港近くの福泉寺の住職になった無着は「三里塚芝山連合空港反対同盟」が「少年行動隊」を組織したことについて苦言を呈した。

「判断力のない子どもをおとなの利益のために使うことは、どういう事情であれ、教育的ではない。……会津の白虎隊のように、子どもが出てくると日本では美しいというが、それは間違いだ」。

一理あるが、無着の「山びこ学校」での教育実践は現実の生活を見つめ、社会変革に繋げるのが目的だったのだから、社会の不条理に目を向けさせないのは、初心と矛盾している。無着にも晩年には価値意識の変容が見られる。

世間に挑戦する無着の理念を、卒業後に実践したのは村の農業問題に取り組んだ佐藤藤三郎や江口江一ら教え子たちのほうである。

＊参考文献
無着成恭編『山びこ学校』(一九五〇年) 岩波書店文庫版一九九五年
無着成恭編「続・山びこ学校」一九七〇年　黍書房
佐藤藤三郎『山びこ学校ものがたり　あの頃、こんな教育があった』二〇〇四年　清流出版
佐野眞一『遠い「山びこ」無着成恭と教え子たちの四十年』一九九二年文藝春秋、一九九六年文春文庫

第5講

反理知社会のマインド・コントロール

※今は反理知時代。反理知社会では、生活保守主義とアスリート礼讃が蔓延《まんえん》する。

（一）生活保守主義の蔓延

一般大衆はマインド・コントロールされ擬似環境の中で暮らし、欲求不満や要求水準の高い大衆はマインド・コントロールに掛かり易い。

大衆をマインド・コントロールして世論をリードし、「国策」を「国論」として定着させるのは、政府だけでなくメディアとメディア知識人である［知識人とマインド・コントロールについては第6講］。

ある社会集団の中で共通に受け入れられている考え方つまり「社会通念」は単純化され固定化すると、ステレオタイプとなる。

新しい状況に直面すると、労を惜しまず自ら考えることをしない大衆は、自己の立場を防御するためステレオタイプ化した安全な社会通念に従って行動する。新しい事実を知っても、例外と見なし、生活保守主義のマインド・コントロールが日常化する。

生活保守主義とは現状に満足し、社会変革を望まぬ姿勢と風潮を言う。今の生活に満足していなくても、安全第一に既得権をひたすら守ることだけを考え、「見ざる・聞かざる・言わざる」を決め込む。理知的に現状を見詰めれば、変化が望まれるのだが、変革は望まない。だから、生活保守主義には右も左もなく、政治的に無関心な社会層が増え、「草の根ファシズム」の温床となる。

（二）アスリート化社会

以前は、近隣の住民が中高生の「朝練」に対し「朝っぱらから、迷惑だ」と苦情を寄せることがよくあった。しかし、アスリート礼賛が過熱化した今、苦情は滅多に来ない。

特に学習意欲の無い生徒の集まる高校では、実技指導ができて運動部員を掌握できる教員が今一番、重宝がられ、生き生きと働いている。運動系部活指導は、彼らには「朗働」だろうが、実技指導できない教員には「牢働」なのだ。

部活と言っても、主に運動部活のことだが、文部科学省は実技指導できない部活顧問に代わって実技指導できる外部指導員を雇う方策を取る。しかし、学校は外部指導員を、必要な全ての部活に宛《あて》がえるわけがない。実技指導を任せるにしても、教員の部活顧問は活動現場に居ることが望ましいし、少なくとも職員室に控えて居なければならない。大会などの校外での活動には土日祝日でも生徒を引率しなくてはならない。事故が起これば、責任を問われる。部員に横暴な外部指導員も少なくないが、名ばかりの教員顧問は外部指導員を監督できない。

だから、どこの教育委員会も、実技指導できる体育会系の学生を優先的に採用する。このほうが安上がりだからだ。部活顧問をしたいし部活指導が楽しいと答えた若い教員が多くなっているのは当然の結果である。

しかし、学校は部活するためにあるのか？　教員を超多忙化させているのは部活です。文科省の安上がり教育が、教員を超多忙にしている。

部活は生徒を管理するのに便利だ。体育系部活の顧問で実技指導できる教員はクラスも学年も越えて生徒たちに睨《にら》みを効《き》かせられる。運動部活の実技指導できない教員は肩身が狭い。

彼らの発言権は増大し、学校管理職に重宝がられている。彼らは県教委が派遣した学校管理職付きのガードマンのようだ。管理職側は職員会議ではなく短時間の朝会で、県教委からの通達やら連絡事項を伝達する。文句を言わせないためだ。質疑すると、「朝のホーム・ルームが始まる」と恫喝《どうかつ》して打ち切らせるのは、決まって彼らだ。上意下達の伝達機関にされてしまった職員会議を、「勤務時間が過ぎた」と叫んで、打ち切らせるのも彼らだ。ジョージ・オーウェル『動物農場』の独裁者ナポレオンの親衛隊である獰猛《どうもう》な犬どもを想わせる。「持ち時間切れ」で質疑を打ち切らせる国会審議に似ている。国会乱闘で活躍するのは、前歴がアスリートの議員だ。ジョージ・オーウェルのディストピア小説『１９８４年』の世界が逸《いち》早く現出しているのが、学校なのだ。

部活に「休養日」を求めているのは、実技指導のできない、名ばかりの顧問。こんな顧問の言うことを聴く運動部活の生徒はいまい。部員は勝手に他校との練習試合を土日に組む。朝練もするから、名ばかりの顧問教員でも、早く出勤して居なくてはならない。「休養日」を設けても「自主練習」をする。生徒が部活をしている時には活動場所に立ち会うか、少なくとも職員室に控えて居なければならない。外部からコーチを雇っても、顧問の教員が立ち会うことになっている。学校教育法の施行規則が改正され、部活の外部指導員が単独で指導や大会への引率ができるようになった。しかし、どの部活にも外部指導員を雇えるわけではない。名前だけの運動部顧問でも部活中は職員室に控えて居なくてはならないし、大会には応援に行くのが当たり前とされている。

夏場は熱中症やらがよく起こるし、柔道などの格闘技なら重篤事故も起こる。練習現場に居ようと居まいと、事故は起こりうる。顧問教員が現場に居なかったら、それだけで責任を問われて、アウトだ。

数年前に全国の教育委員会は週2日の部活休養日を設け、朝練を禁止する教委も出てきた。しかし、大会が近づけば、休養日もなく朝練もある。休養日でも生徒は自由練習をする。顧問は練習に立ち会わずとも、職員室には控えていなくてはならない。顧問は休養日でも部活から解放されることはない。

しかし、運動部活を指導できる体育会系出身の教員は活き活きと働いている。運動部活指導が彼らの本務だから。近年は、運動部活を指導できる者しか教員に採用されなくなった。学科試験に合格しても、運動部活を指導できない者は二次試験の面接で落とされる。学校はアスリート社会になってしまった。

かつて体育は、思想を教導し国民を総動員する手段として悪用された。アスリートは強い戦士になるからだ。今は逞《たくま》しい企業戦士になる。

当世は、アスリートが持て囃《はや》される。素早《すば》しこくって要領がいい人間ばかりが跋扈《のさ》ばる。そもそも運動能力は先天的なもので、鍛錬するにも限界がある。学校は運動能力増進に生徒たちを教練する。

進学時の選考資料に使われる内申書には部活での実績が書き込まれ、高校は運動能力に優れた生徒を優先的に入学させる。

中高で「保健」の授業が真面《まとも》に行なわれていない。「保健体育」の教員は、座学の「保健」の授業ができない。この高校でも古参の体育教員は、若手の教員に「保健」の授業を担当させ、若手の教員は、教科書を読ませ、教科書どおりの話ししかできない。おまけに漢字を読み間違える。

アスリートは口が巧《うま》くなった。以前は、マイクを向けられて巧く喋《しゃべ》れたのは、長嶋茂雄ぐらいだった。今は、外国人力士までが調子よく喋る。無論、定番表現を並べるだけだが。

アスリート礼賛は「いじめ」に繋がる。虚弱体質で動作の鈍《のろ》い子は「いじめ」の対象になる。体力があって素早《すば》しっこい者が勝ち組になる。アスリート礼賛は「いじめ」の温床。部活内の先輩後輩の人間関係が厳しく、部室は兵営化している。私はアスリート礼賛の風潮が嫌いだ。

千葉県の県立高校の入学試験は、運動実技試験の結果を高く評価していた。運動能力優遇は千葉県内の他校にも他県にも見られる。

学校は運動能力増進に生徒たちを教練する。しかし、そもそも運動能力は天性のもので、鍛錬するにも限界がある。内申書には部活での実績が書き込まれ、高校は、運動能力に優れた生徒を優先的に入学させる。企業は、体育会系の学生のほうが使える企業戦士になると考えている。

運動能力や大会実績を生徒学生の募集の目玉にする高校や大学は全国大会や県大会で高成績を取った生徒や学生の名前を大書した垂れ幕を垂らし横断幕を掲げる。

野球は花形スポーツだから特別扱いだ。野球部員は朝のホーム・ルームに遅れるのが当たり前。出なくてもよいことにしている学校もある。授業中の居眠りはざら。起きている時は、バットやグローブを磨く部員もいる。県大会が近づくと、特別の応援団を結成し、応援の練習をする。ちょうど一学期の学期末試験と重なる。部員も応援団員も試験は免除になる。勝ち進めば、貸切バスを仕立てて応援にかけつける。野球の「強豪校」いや「名門校」ともなれば、町を挙げての応援になる。甲子園に行くことにもなれば、教員たちは寄付集めに奔走させられる。私立の「名門校」だと、他県からも選手を集める。

運動競技は事故を招く。那須スキー場付近での雪崩事故の背景には、登山の運動競技化がある。スポーツ庁は原則として雪山には登らないように指導してきた。それなのに、なぜ「春山安全登山講習会」まで必要だったのか。それは、登山が運動競技化し過熱化しているからだ。犠牲者を出した高校は山岳競技の「強豪校」と呼ばれていた。

一体、登山の何を競技化できるのか。全国高校総体では何を競うのか。３泊４日程度の山行をしながら、審査員がペース配分や歩幅は適切かの歩行技術、コンロを正しく使えるか時間内にテントをきちんと張れるかなどの生活技術、天気図作成や行動記録の正確さなどを採点するという。

しかし実際は、ルートなど登山条件の厳しさを克服して登山スピードを競うのではないか。アルピニスト養成ならともかく、登山は楽しむものであって、競うものではない。

運動部活を過熱化させるのは、親も社会一般もアスリートを礼賛するからだ。オリンピック級のアスリートはスターで、美形なら、なおさらだ。

一方で、運動能力の劣った者は「いじめ」の対象になる。体罰もある。運動能力の優劣が先天的なものであることを、体育会系の教員なら一番よく知っているはずではないか。彼らは運動能力の劣った生徒を虐《いじ》める。

アスリート礼賛過剰の風潮が収まらない限り、運動部活の過熱化も「いじめ」も防げない。

大抵の新聞が、スポーツ記事に何面も割いている。スポーツ大会の記事など、結果だけを載せて、試合の詳細な経過などスポーツ新聞に任せておいて、もっと時事問題にスペースを割《さ》いたら、どうだ。

第6講

知識人の価値意識変容

解題

現代日本の「メディア知識人」を戯画化すれば、滑舌《かつぜつ》と声が好く、話しが分かり易くて面白く一般受けし、ちょっと専門知がありそうな、見栄えのする人。古いタイプの知識人はと言えば、誰も読まない学術論文を書いては同業者と褒《ほ》め合い、有識者会議やら専門家会議やら審議会やら座談会やらに招聘《しょうへい》されると喜び勇んで出かける。陽の当たらぬ研究者ほど、そうなりがちだ。大衆社会状況下で「知」も民主化し、現代知識人は没落の一途を辿っている。

知識人はマインド・コントロールされ難く、マインド・コントロールする側に立って国論を主導することが多い。本論は、特に時の政権に参画する「体制知識人（establishment intellectuals）」を論じる。

政治指導者は全ての政策の立案能力を備えているわけではないから専門家の助言が必要である。立案能力を欠き、専門家の助言を聴かない政治指導者が少なくない。自分の知識水準の低さに居直る傲慢な政治指導者も少なくない。しかし、政治指導者のリテラシーの低さと無知を咎《とが》めない空気もある。知的に怠惰である主権者は覚醒して、知識水準の高い理知的な政治指導者を選ばなければならない。

（一）民主主義社会の専門知《エクスパタイズ》と基礎能力《リテラシー》

◎専門家の職業上の義務

専門家は一旦、知名度を獲得すると、「売れっ子」になってメディア知識人として本来の専門領域を越えてメディアに「顔出し」して専門外の発言をしがちになる。しかし、プロ意識（professionalism）に徹した専門家ならば、自分の専門分野の範囲内で誠実に全力を尽くしてクライアントに仕えるのが職業上の義務であり、クライアントにも誠実に受け止めることを求める。

◎専門知と民主主義

民主国家では政府と専門家は互いに依存し合う関係にあり、専門家はその専門知によって社会全体に奉仕する。

強権国家であれば、政治権力者は命令によって専門家から専門知のサービスを引き出そうとする。政治権力者は、自分の聴きたいことしか聴かないことがよくあるし、専門家に諮問せずに政策を断行することもある。専門家が政治権力者の意向を忖度し、権力者が聴きたがっていることしか助言せず自分の専門知を歪めてまでも権力者に仕えようとするならば、その専門知は政治化することになる。

民主国家であれ強権国家であれ、決めるのは政治指導者である。専門家は政策策定に参加するだけである。専門家は、政治指導者が自分の助言をどの程度聴き入れ、どのように実行するかをコントロールすることもできない。

有識者会議から報告を受けても政府は、それと異なる見解を示すことがある。政府と専門家の見解が異なった場合、政府は意見に相違があることを国民に知らせるべきだ（尾身茂『１１００日間の葛藤』二〇二三年）。

◎政治的知識人の政治参画

●知識や認識一般は社会的に拘束されるが、組織から解放され「社会的に自由に浮動する知識層」は自由に発想し言動できる（カール・マンハイム）。以下でライト・ミルズ『権力・政治・民衆』（一九六五年）に拠って、知識人の政治関与について考察する。

民主主義には、知識を持った公衆と理性的に責任を負う政治的指導者が必要である。でなければ、「知識は民主主義的意味を持っていない」ことになる。

だから政治的知識人は「現実的な方法で政治的に思考しようと言うならば、自分自身の社会的位置を知っておかなければならない」。

「一般的に言って、最も権力のある者、最も富める者は、最も知識を持ち、いわゆる最も賢いものである、と大多数の人々は信じさせられている」。だから「権力者と金持ちは最も知識ある人間でなければならない」。

以前は「権力のエリートと文化のエリートとは合致していた」「知識ある有能な公衆の範囲内では、知識と権力は効果的に連結していた」。

しかし近年、知識は権力ではなくなり、「知識は民主主義的意味を持っていない」。権力者は知識と感受性と現実認識を喪失した。「政治家たちとその顧問グループの知的欠如に加えて、公共的精神の欠如が見られ、そのために権力的決定や重要政策は、それらを正当化したり攻撃したりする試みもなされず、簡単に言えば、なんらの知性的討論も経ることなく作成される」。

それらの知識と理性を欠いた政策決定の例を、公衆は「被害者救済新法」や「敵基地攻撃能力」、「原発汚染水の海洋放出」などに見ることができる。

戦後も一九七〇年以降になると、「知識の大衆化」「大衆の高学歴化」「専門の細分化」が進み、「一億総評論家」の時代を迎え、マスコミには疑似知識人がコメンテーターとして顔を出すようになった。

●竹中佳彦は、知識人は権力側と一般国民の間に介在して、三つの社会的役割を果たしていると言う（『日本政治史の中の知識人』（一九九三年）。

第一は情報伝達。西洋思想や文化を進取する近代化の過程では特に必要とされたが、「知識の大衆化」が進んだ今でもなお、必要視されて、必ずしも政治に参画せずにこの社会的機能を果たしている。

第二は政策立案。この機能は大抵、政府の諮問機関、有識者会議、専門者会議などに属して果たすことになる。

第三は政策評価あるいは政策批判。彼らは自分の理念や研究成果に基づいて、政策を評価あるいは批判し、一般国民の意見を代弁する形で世論を作る。大抵、政権に参画せず、時評を書いたりニュース解説番組にコメンテーターとして出演したり、商品コマーシャルしたりする。

無論、この社会的役割の全てを、あるいはその二つを果たす知識人もいるが、本論は第二の知識人を中心に論じる。

●権力批判型知識人と権力助言型知識人にはそれぞれ陥穽《かんせい》がある。「権力批判派に特徴的な道徳的欠陥は自らの純粋さに関心を抱き過ぎていること。一方、権力に助言する専門家に特徴的な欠陥は、批判の源泉となる自律した思考をしようとしないこと。彼らは権力の視点を吸収することによって、権力を突き放す力を失ってしまうのだろう」（リチャード・ホーフスタッター『アメリカの反理知主義』一九六三年）。

反理知主義（anti - intellectualism）という用語がアメリカ社会の日常語として登場したのは一九五〇年代のことである。

一九五二年の米国大統領選では、二人の候補者の知性と俗物根性が争点の的になった。一方の候補者のアンドレイ・スティーヴンソンは非凡な知性を備えた際立った政治家《ステーツマン》だった。他方のアイゼンハワー将軍は凡庸で言葉もやや不明瞭で、人当たりの悪いニクソンとコンビを組んでおり、共和党のマッカーシー陣営が背後に控えていた。

アイゼンハワーの圧勝は理知主義の敗北と知識人の後退を意味していた。インテリはハイブラウ（highbrow）からエッグヘッド（egghead）と蔑称されるようになった。

日本の選挙戦は戦前も近年も、理知主義の敗北の連続であり、権力助言型の知識人だけが有識者や専門家として政権に参画でき、組み込まれる。

（二）政治参画した知識人

解題

一九三一年の満洲事変に始まる一五年戦争と敗戦後の一五年間の占領改革、講和、安保改定に至る約三〇年間は激動の時代だが、この間、日本の知識人は時局に対して如何に身を処したであろうか。

竹中佳彦『日本政治史の中の知識人』は、この時代の重要な諸事件に対し、矢内原忠雄、横田喜三郎、鈴木安蔵の三人が如何に向き合ったかを論じている。

本論では、幕末維新期の横井小楠と矢内原や横田ほど知られていない昭和期の矢部貞治《ていじ》と鈴木安蔵《やすぞう》を取り上げ、三人が如何に政治参画したかを論じる。

彼らの主張は「筋道の通った、正しい主張」だが、「実際には採用されたり、行われたりすることは無い」（『新明解国語辞典』）。彼らの政治構想は組織維持や体制維持、党利党略組織悪や政治悪に因り俗論に転化し価値意識が変容する場合が多い。

専門家が時の政権の意思決定に関与するのは、特段目新しいことではない。政権に招かれた専門家は大抵、勇み立つ。自分の専門知を政治に反映できるからだ。

しかし時の政権に参画するのは、自分の従来の専門知を政権に反映するためであって、その政権の政策実現に寄与するためではない。自分本来の専門知を歪めてまで政権に寄与するのは、専門家の職業倫理に反する。

◎幕末維新期の横井小楠（1809〜1869）

儒学の伝統に従えば、学問はすべて治国平天下の学である。求められれば、政治に参画する。甲府藩召し抱えの地味な儒者だった新井白石は、藩主綱豊が次期将軍職を継ぐことになったと、綱豊の寵臣の間部《まなべ》詮房《あきふさ》から告げられる。間部は自分と組んで天下に新たな政道を敷いて行こうではないか、と誘う。四八歳まで自分の学識が陽の目を見ることのなかった白石は胸のときめきを禁じえなかった。（藤沢周平『市塵』）。

「堯舜禹《ぎょうしゅんう》三代の治」を理想とした横井小楠は求められるままに政権に参画した。政治総裁職の松平春嶽のブレーンとして幕政に参画して文久二年（一八六二年）九月、「国是七条」を建策し「破約必戦・全国会議・真の開国」を唱えた。参勤交代制を大幅に緩和し、外様と譜代の別なく有能な人材を登用し、大いに言論の道を拓いて「公共の政《まつりごと》」を行なう。海軍力を強化する。外国貿易は「勝手貿易」（自由貿易）ではなく、当分の間、「官府の監督」の下に置く「官貿易」を行なう。外圧に屈した条約は一旦、破約し攘夷もやむなしと「破約必戦」論を唱えた。

薩長の倒幕路線には反対で、維新後の排外的、侵略的膨張主義にも反対だった。維新政府の参与として官制改革に取り組む途中でテロに斃《たお》れた。

小楠は西洋の芸術（技術）は進取すべきだが、近代ヨーロッパの資本主義的・侵略主義的本質を批判した。

西洋に精神的に優る「堯舜孔子の道」を追求し、「有徳の国」と交わり「無徳の国」とは絶つことを外交の基本とし、「大義を世界に」を唱えた。

慶応二年（一八六六年）四月、二人の甥の米国留学に際して、以下のような送別の辞を送った。
　堯舜孔子の道を明らかにし
　西洋器械の術を尽くさば
　何ぞ富国に止《とど》まらんや
　何ぞ強兵に止まらん
　大義を四海に布《し》かんのみ
熊本市の小学校の子供たちは小楠のこの詩を、毎年二月の慰霊行事で朗誦する。

＊松浦玲責任編集『佐久間象山　横井小楠』（日本の名著30）筑摩書房　一九八四年
＊三上一夫『横井小楠　その思想と行動』吉川弘文館　一九九九年
＊松浦玲『横井小楠　儒学的正義とは何か』朝日新聞社　二〇〇〇年

◎矢部貞治（1902～1967）の戦中戦後

●矢部貞治《ていじ》は生涯、政治に参画した大学人エリート。一九二六（大正一五）年、東京帝国大学大学法学部政治学科を卒業すると、助手に採用され、2年後に法学部助教授となる。一九三五年から2年間、文部省在外研究員として英米独仏で研究に従事し、ヒトラーの台頭を目撃する。帰国して2カ月後に日中戦争が始まる。すると、外務省から矢部に対中国文化工作の仕事が舞い込む。翌三八年五月、近衛文麿の国策研究機関「昭和研究会」に誘われ参画。日中戦争の早期終結を目指し、「東亜新秩序」を構想する。三八年六月、国内新秩序の確立を目指して「議会制度審議会」の幹事に就任。

四〇年六月、高木惣吉《そうきち》大佐に見込まれ、四〇年六月に海軍の嘱託、四二年一〇月に外務省嘱託、四四年一〇月に大東亜省嘱託となる。しかし、矢部の構想は実現することなく敗戦を迎える（井上寿一《としかず》『矢部貞治　知識人と政治』二〇二二年）。

●矢部は四五年四月、海軍の求めに応じて「戦争指導刷新論」をまとめた。矢部の戦争終結構想はソ連に期待するものだった。ソ連は欧州でも「東亜」でも、米英の「完勝」を望んでいないから、戦争終結の主導権をソ連に握らせるべきだ、と矢部は考えた。しかし、それはソ連の対日参戦で潰えた。

矢部は、海軍大将の鈴木貫太郎を「尽忠至誠」の人として高く評価していたが、「小才子と野心の塊の官僚が重要ポストを握る鈴木内閣には期待するところは無かった。海軍省嘱託の辞任も申し出た。

「聖断により停戦を下命」するという終戦工作を進めていたグループもあったが、矢部は軍事的には敗北しても、「真の国民共同体の礎石」を築く戦争終結構想を練っていた。

矢部の憲法改正案の骨子は、連合国の指令による止むを得ない消極的改正ではなく、「根本的に議会主義を徹底し、進んで議員内閣制の精神を貫く」積極的改正であった。

天皇の政治関与については、「原則として実権を行使せず」とした。

東京裁判の証言台に立って、「大政翼賛会」を「ファッショ」とする誤解を解き、「軍事独裁党を抑制するためのものであった」と擁護する覚悟であった。

現職の東大教授では大学に迷惑がかかると思い、辞職願を提出、一二月一二日に受理された。

●矢部の戦後の大仕事は憲法改正あるいは新憲法の制定だった。

岸信介内閣は一九五七年、日本国憲法の再検討を目的とする審議機関として「憲法調査会」を設置した。国会議員二〇人と学識経験者一九人を委員として発足し、高柳賢三が会長に、矢部貞治が副会長に互選された。

矢部は一九六一年一月から三月にかけて、憲法調査会海外調査団の団長としてラテンアメリカ諸国を歴訪した。

「低開発状態」のこれらの国々は、政党の未熟、小党分立、複雑な人種構成などが理由で、議院内閣制は適さず大統領制を採っていた。

憲法は頻繁に改正され、「ある独裁者が自分の欲するように憲法を改正する、次の独裁者がまたそれを改める」という始末で、その憲法は「おおむね長文で詳細過ぎる規定の仕方」をしていた。ただし、「低開発状態」ではあるが、政権交代はクーデターではなく選挙で行われるようになって、停滞から発展へ転じ「生まれ変わりつつある」という印象を得て、矢部は帰国した。

●憲法調査会と公聴会

憲法調査会は憲法に「再検討を加え」、関係諸問題を「調査審議し」、その結果を報告するのが任務だった。ところが、憲法調査会の委員の多くは、現行憲法に「不備・欠陥があるとする立場」に立っていた。矢部は「積極的に改正の結論を出さねば、職務怠慢になる」とも思っていなかった。

一九六二年二月から九月にかけ、全国９地区で公聴会が開かれた。「専門的な角度かあばかりではなく、国民的な視野に立って行なうため、国民各層の憲法に関する率直な所見をきき」、調査会の調査・審議に取り入れるためである。特に「天皇に関する問題」や「戦争放棄に関する問題」などで公聴会は荒れた。

●憲法第九条反対論

矢部は、「押しつけ憲法」論は間違っていると認め、憲法九条は幣原首相の発意にマッカーサーが同意して出来た条項だとし、護憲論を採るようになった。

憲法調査会は一九六四年七月、報告書を完成させた。三つの主要な争点は以下のように展開している。

第一は「日本国憲法の制定経過」。「押しつけなのか否か」「日本国民の自由意志に基づくものであったかどうか」は単純ではない。「当時のわが国をめぐる微妙な、しかも峻厳な国際情勢の中で行われた」としている。

第二は「天皇」。女帝や退位については積極的反対論はなかった。「現実の必要が予見されるときに考慮すべきであり、現在はいまだその時期ではない」としている。

第三は「戦争の放棄」。委員は全員一致で前文と第九条が掲げる平和主義を「堅持」「推進・強化すべきであるとの立場を示している。さらに委員のほとんどは第九条の下においても「自衛隊等の存在は認められ、また違憲ではないとする」見解を採っている。

第九条を防衛体制の現実に合わせる方向で改正すべきか、それとも防衛体制をできる限り第九条に合致させるべきかについての意見の対立があった。

矢部は第九条に関しては護憲派になっていた。国論が分裂しているから、九条改正によって国論の統一を図るべきだという改正強行論に反対だった。矢部は第九条改正によって生じる国論の分裂のほうがはるかに致命的であると主張した。国論の分裂を緩和することが最善の策であると言う。
矢部は高柳会長と共に「理論的な潔癖さから、現行憲法の規定の欠陥を指摘し、解釈の統一を期するために条文を改正すべきであるとする見解には賛成しえない」と述べた。

改憲慎重論が憲法調査会の基調となった。中曽根康弘委員も「第九条の条文を改正するかどうかは、次の世代にゆだねるべきである」と発言した。

矢部に言わせれば、改憲に着手するか見送るかは、「究極的には国民が判断する問題」であった。改憲勢力が国会で3分の2を占めたところで改憲はできるものではない。「国民のなかから盛り上がる要求があって、初めて改正というようなことができるものだ」と語っている。

一九六四年に拓殖大学総長を辞した矢部は「浪人」生活に戻ったと言いながらも、六六年から早稲田大学の客員教授を務めていた。しかし、年末には動脈硬化の傾向が顕著になり、翌六七年五月七日、脳溢血《いっけつ》で斃れた。享年六四。

矢部の知識人として役割は、国家と国民に長期的ビジョンを示すことだった。

◎鈴木安蔵（1904~1983）の戦中戦後

●「文学青年」の鈴木安蔵は第二高等学校時代、西田哲学に没頭したが、文学部から経済学部に転部して京都帝大に入り、河上肇の「資本論研究会」に通い『社会問題研究』を繰り返し読み、マルクス主義者に転じた。しかし、共産党員であったことは一度もない。

鈴木は一九二六年、「日本学生社会科学連合会事件（学連事件）」で検挙され、三二年六月まで入獄。

出獄後、研究機関に属することができなかった。義兄や義父の仕送りと原稿料で食い繋ぎ、図書館に通い明治憲法を独学し、特に吉野作造の著作を読んだ。満洲事変後、大抵の知識人は国策に協力していった。

一九三五年、天皇機関説事件が起こった。東大からも京大からも美濃部学説を弁護する議論はなかった。鈴木は美濃部を擁護した。統治権、国民、領土という三つが国家の要素であるとする鈴木にとって、統治権者つまり天皇も国家を構成する一要素にすぎないからである。美濃部の学説は「国体」を擁護する立場であり、鈴木は二高時代に美濃部の『時事憲法問題批判』を読んでいた。

鈴木は一九三六年五月の斎藤隆夫の二・二六事件批判演説に対して敬意を表明し、「政党の無力振り」を批判した。政党に代って「国民大衆の真の利益を擁護し、その自由権を保証する」主体を見出せないでいた。

議会の権限を拡大させたいが、輔弼諮問機関として内閣や枢密院があるのに、非立憲の侍従長や内大臣らが決定的な勢力となっていた。

日中戦争下で鈴木は「討論的多数合議制よりも専行的少数決裁主義」が全世界の資本制国家の最近の政治体制に再編成されていると認識し、内閣審議会、内閣調査局、企画庁などの設置は「強力政治の合法的建設に対する要望から発するもの」と認めた。

しかし、鈴木が日中戦争前に書いた諸論文をまとめた『現代憲政の諸問題』が即日発売停止になっていた。

同書所収の論文は国策を批判するものとされ、警視庁に呼び出された。鈴木は一九三八年二月、「衆議院憲政史編纂会」の編集委員を辞任した。「もはや総合雑誌その他に時事論文的なものは書かないし、また書けなくなっていた」。

鈴木は「編纂会」の委員を辞した後も、大審院判事の尾佐竹猛らの計らいがあって同会で資料収集の仕事を続けることができた。

鈴木は、新体制運動は帝国憲法の精神と規定を尊重する立場に立つ運動であり「公明正大、合法的なもの」と見た。「帝国議会は協賛することによって真に正しき翼賛をなし得る」から「翼賛」は帝国憲法本来の精神であると、「大政翼賛会」を肯定した（一九四一年二月）。

極貧に近い生活をし、文章を書くことを生業にしていた鈴木は、筆を絶つことができなかった。鈴木は「転向」した。「遅い転向」であった。

●鈴木を含む「憲法研究会」は一九四五年一一月から憲法草案作りに取り組んだ。

鈴木は戦時中、自由民権運動とその憲法草案を研究し、天皇不可侵と人民主権とを両立させた植木枝盛の憲法草案に注目していた。鈴木は非政治的で象徴的な天皇の存在を認めた。

鈴木は全面講和を前に第九条の解釈が「かならずしも明確に定まっていない」。憲法解釈が定まっていないと、政治的な立場から、法の規定を軽視した勝手な解釈とそれに基づいた政治がなされる惧れがあるから、「われわれは先ず第一に、憲法第九条の正しい意味を確定しなければならない」。

芦田均は、日本国憲法第九条は、一九四六年四月一七日の「日本国憲法草案」を修正して、自衛力保持の余地を残して修正されたと語った。

しかし、鈴木は、第九条は自衛のための戦力保持と交戦権を放棄していると解釈している。前文において「諸国民の公正と信義に信頼して、われらの安全と生存を保持しようと決意した。」とあるから、論理的に解釈すれば、自衛権を放棄したことになる。鈴木は、自衛のための戦力を持つと、それが国際紛争を解決するために利用される惧れがある。現憲法下でも「敵基地攻撃能力」を保有すれば、この危険がある。

戦後しばらく、鈴木は「教壇に立つこと、学会的な地位への就任を辞退」していたが、一九五二（昭和二七）年に静岡大学教授に就任し、愛知大学教授も兼任。退職後の一九六七年から立正大学教授などを歴任。一九八三（昭和五八）年八月七日、没した。

（三）「転向」と「非転向」の間　清水幾太郎の「価値意識変容」

・「智に働けば角が立つ。情に棹させば流される。意地を通せば窮屈だ。とかくに人の世は住みにくい」（夏目漱石『草枕』）。

だから、世間の一般人つまり庶民は、矛盾する価値意識が幾つか同居し、「同調圧力」に遭えば、処世渡世のために智を働かせず意地も通さず、自分の価値意識を、柔軟に変える。これを「転向」と呼ぶには大仰に過ぎる。私は価値意識の小さな変容と呼びたい。

しかし、自分の主義主張や信念思想を持ち合わせているはずの知識人の場合は、無思想ではあるまいから、価値意識がコロコロ変わるものではないだろう。
・一般に「転向」は「権力によって強制されたために起る思想の変化」を言う。直接的で露骨な「権力」よる強制ではない、間接的な「外部からの圧力に屈して信念を曲げること」を、私は「変節」あるいは「変心」と呼んでおく。
しかし、例えば、戦前戦中も戦後もメディア知識人の典型であった清水幾太郎の場合は、どう呼ぶべきか。

戦争期、清水は一九三七年に「唯物論研究会」に入り、翌三八年に脱会し、「昭和研究会」の文化部会に名を連ねている。前者は当局の弾圧によって壊滅した「プロレタリア科学研究所」の後続組織であり、後者は日中戦争を正当化する東亜協同体論を主張していた。鶴見俊輔はこれを「偽装転向」と言う。

鶴見俊輔は、清水の戦時中の文章を、戦時ジャーナリズムの要求の枠内における「奉仕」（迎合）と同時に「抵抗」であったと評価する。タテマエでは権力者側の意図を忖度し補完して迎合し、ホンネでは権力の隙間の効果的に食い込んで「自分の意図や願望」を文間に入れ込んで「抵抗」し、実用的な二重性（pragmatic ambiguity）を検閲官と読者に向けて使い分けたと鶴見は弁護する。

鶴見俊輔や日高六郎は戦前戦中の清水を肯定的に評価したが、評論家の菅孝行は、日高は清水の学問的著作だけを読み、時評文を読まずに手放しの称賛をしたと批判している。清水の時評文を読めば、時局迎合や体制翼賛が充満している。清水は権力助言型の知識人だった。

評論家の天野恵一も「偽装抵抗」とは認めていない。清水は神がかり的な皇道主義者ではないが、合理的で科学的な理論を駆使したファシズム論を展開している真正のファシストだと批判している。

清水は戦争期の自分を「売文業者」と呼んでいた。「フリーのジャーナリストというのは、雑誌社や新聞社の注文を待ちながら、また、軍部や警察の目を恐れながら、読者という不特定多数のお客にサービスする芸人であった」(『わが人生の断片』一九七五年)。

使い分けをしていたとは言え、清水の論文を掲載した『中央公論』の編集部長が一九四三年四月二〇日、陸軍情報局二課に呼び出されて出頭すると、課長直々に「清水さんをなぜ一緒に連れてこなかったのか」と叱責されたという。特高も清水を逮捕すれすれにまで追い込んでいたらしい。当局は清水の「偽装転向」と「偽装抵抗」を、すでにお見通しだったのである。

・戦後はどうか。「敗戦の日に続く数年間、私は、如何にも歯切れの悪い態度で生きて来たように思う」(『わが人生の断片』一九七五年)。

敗戦後の清水の価値意識変容の軌跡を、一九六六年刊行の『現代思想』と一九七二年刊行の『倫理学ノート』で辿ることができる。

一九六〇年代に安保闘争の敗北によって生じた清水幾太郎の思想の変化は外圧に負けて「変節」したのなら「転向」で、自主的に「自己改造」したのなら、「転向」とは言えまい。

戦前戦中のような露骨で、しかも暴力的な抑圧を受けたわけではないが、「教育勅語」を復権させたのは、価値意識を１８０度右に転換させた「変節」である(「教育勅語」復権については第４講の四で詳述)。

社会学者の作田啓一は「タテマエとホンネの相互浸透」だと言う（『価値の社会学』二〇〇一年）。ご都合的に「変心」を繰り返せば、価値意識もどっちが「タテマエ」か「ホンネ」か分からなくなるほど変容し、「偽装転向」や「偽装抵抗」を繰り返しているうちに当人も「転向」か「非転向」か分からなくなるのかもしれない。

時代状況の変化に柔軟に対応した価値意識の変容で、状況追従主義と言うべきか。だからと言って、清水が無思想だとも機会主義者だとも言えまい。プラグマティックな価値意識の変容と言うべきか。

春藹《しゅんあい》か秋水《しゅうすい》か

弟子の幸徳伝次郎に拠ると、兆民先生は「多血多感なる、直情径行を喜びて、紆余曲折を悪《にく》む事甚し、義理明白を喜びて曖昧模稜《あいまいもりょう》を悪む事甚し」「直言忌《い》むなく、敢為憚《かんいはばか》るなく、直ちに其理想を現実せんが為に、社会を敵として激闘す」「而して革命家に敗れ、政事家に敗れ、商人に敗れ、文壇も亦《ま》た先生を容るるの余地なきに至れり」。先生も「自ら其《その》処世に拙《せつ》なる所以《ゆえん》を知れり」。

師四七、弟子二三の明治二六年四月のある日、師は酒間《しゅかん》に「処世の秘訣は朦朧《もうろう》たるに在り、汝義理明白に過ぐ、宜しく春藹《しゅんあい》の二字を以て雅号と為せ」と笑って、説いた。自分と同じ轍《てつ》を踏ませぬためである。

しかし、弟子は甚《はなはだ》朦朧を憎むと承知しなかった。すると、兆民先生は益々笑って言った—「然らば秋水《しゅうすい》の二字を用いよ、是れまさ正に春藹の意と相反す、予壮時《そうじ》此号を用ゆ、今汝に与えん」。

「秋水」は「秋のころの清く済みきった水」の意で、「よく研ぎ澄ました刀」の意にも用いる。その後も不遇だった兆民は「栄辱の外に自適」し、秋水は「義理明白」を貫き、大逆事件の主謀者と見なされ、刑死する。秋水は、「革命は時至れば必ずや成る」と信じていた。

ポルトガル人宣教師のルイス・フロイスは「日本では、曖昧な言葉が一番優れた言葉で、最も重んじられている」と書き残している。

以上の括弧《かっこ》引用は幸徳秋水『兆民先生』から。共に処世に拙なる師弟の厚情が伝わる一冊である。

第7講

マインド・コントロールに抗《あらが》う理知主義

※反理知の時代に抗して生きるには理知主義に徹するしかない。

☹「騙されるのは悪」　山形県山元村の「おひかり様」

・「欺」は仮面を着けて「あざむく」のが原意。「偽」は似せて作って「いつわる」ことである（白川静『当用字解』二〇〇三年）。「瞞」は目くらまして「だます」こと。「騙」は「かたりだます」こと。「創作四字熟語」にすれば「欺瞞虚偽」。

・「統一教会」と「濃厚接触」した議員が「知らなかった」「騙された」と弁解するのは飛んだ筋違い。映画監督の伊丹万作の『伊丹万作エッセイ集』（大江健三郎編二〇一〇年）には、以下のようにある。

「騙されたということは不正者による被害を意味するが、しかし、騙されたものは正しいとは、古来いかなる辞書にも決して書いてないのである。騙されたとさえ言えば、一切の責任から解放され、無条件で正義派になれるように勘違いしている人は、もう一度よく顔を洗い直さなければならぬ。しかも、騙された者必ずしも正しくないことを指摘するだけに止まらず、私は更に進んで『騙されるということ自体がすでに一つの悪である』ことを主張したいのである」。

たとえ言論弾圧の戦時中であっても、「騙されていた」からとメディアも大衆をも、被害者として免罪にするわけにはいかない。

「統一教会」と「濃厚接触」していた議員が「知らなかった」「騙された」と弁解すること自体が悪事である。

・「自分の脳味噌」を信じ、「自分の脳味噌」で判断しなければ、騙されてしまう（一九五一年三月二三日　山元中学校第四回卒業生代表　佐藤藤三郎）。

山元村では「山びこ学校」当時、「おひかり様」という新興宗教が流行《はや》っていて、村人が30人も入信していた。お布施を1人1万円以上寄付すると、田畑に肥《こ》やしが要らなくなるという御利益があり、入信しない村人は昭和二七年頃までに死んでしまうという。一九五〇年度の村の学校予算は14万6623円だった。

疑問に思った無着成恭の二年のクラスが話し合った。賛成する生徒は一人もいなかった。その決議文を作って村中に貼り出した。

理知的に考えれば、中学生でも、騙されない。大《だい》の大人《おとな》が「オレオレ詐欺」や「統一教会」に騙されるのは可笑《おか》しい。

（一）議員の「統一教会」との「濃厚接触」は政治倫理の問題

●反共の悪徳宗教ビジネス集団の「統一教会」を支持した安倍晋三の国民に対する罪は甚大である。国民の多くを、霊感商法の犠牲にしてきたからである。国会議員が「統一教会」と互いに支援し合う関係は安倍氏が築き、彼ら議員は安倍氏の傘下にあった。

国会議員180人、地方議員334人が「統一教会」に浸食されていた。地方議員が100人規模で参加する「全国地方議員研修会」に「統一教会」の友好団体の幹部も出席し、「家庭教育支援法」「同条例」の制定を呼びかけていた。参加者の中には地元での条例制定に尽力した議員もいた（二〇二三年一月三日付『朝日』）。

多くの議員が「統一教会」の集会に参加したりメッセージや祝辞を送って「お墨付き」を与え、この悪徳教団の社会浸食に加担し、選挙のたびに組織的支援を受ける一方で、国民を霊感商法の犠牲にしてきた。

「不当寄付勧誘防止法」と呼ばれる「救済新法」は「個人の自由な意思を抑圧し、適切な判断が困難な状況にさせない」などの三つの「配慮義務」を設けたが、マインド・コントロールして騙す側がマインド・コントロールしないように十分に「配慮」することはありえない。寄付してしまってから、マインド・コントロールされ騙されたと気づいても、時が経てば、寄付金は返されない。寄付の「取消権」は寄付の意思表示をした時から5年ないし10年を経過した時には時効によって消滅する」（第9条）。一〇年以上前に被害に遭った信者及び配偶者や子どもは寄付金を取り戻せない。

「救済新法」は、次の選挙ばかり気にかけ、「統一教会」と「濃厚接触」した政治屋を「救済」した。有権者は腐敗堕落した政治屋ではなく公明正大で識見高い政治家を求めている。

●政治倫理審査会は三分の一以上の委員の賛同があれば、政倫審の長は審査会を召集できる。調査の結果、有責とされた議員に、一定期間の登院停止や役職辞任を勧告できます。ただし、議員辞職は議会の本会議しかできない。

「統一教会」との濃厚接触は政治倫理の問題。政倫審は、実定法に抵触しない議員の問題行為にも勧告できる。「統一教会」から選挙運動支援を受けても、実定法に違反するものではない。しかし、国民を浸食する悪徳ビジネス集団の「統一教会」に「お墨付き」を与える見返りに強力な選挙支援を受けるのは明らかに政治倫理に反する。「救済新法」は「濃厚接触」した議員を救済しただけだった。

私の住む白井市の市議会に一部の市議が「統一教会」と政治家の関係の徹底究明と霊感商法団体からの実効性ある救済措置を求める決議案を提出した。しかし、議長を除く市議19名中14名が反対し、意見書提出が見送られた。

白井市議が以前に「統一教会」から選挙支援を受けたかどうかは不明だが、今後、「統一教会」から選挙支援を受ける可能性を残した。反対した市議の政治倫理の認識度が問われる。

白井市政治倫理審査会は白井市の政治倫理条例を適用し、反対市議の政治倫理を質《ただ》す必要がある。

政治倫理上、有責とされた議員が政界復帰するためには徹底した価値意識変容が必要である。

●認識論から出発したカール・マンハイムは、知識社会学を一つの学問領域として確立した。彼は、人々がある特定の知識や思想、世界観を受け入れる社会的状況が形成される過程や、それが真実あるいは正統であると見なされる過程を追究した。そして、支配的イデオロギーから相対的に自由である集団、階級や階層は「社会的に自由に浮動するインテリゲンチャ」（鈴木二郎訳）であるとした。

彼らには二つの道があり、一つは「個々の階級や党派に盲目的に加わる道」、もう一つは「自分自身の位置と使命に対する厳密な知識にもとづく決定」を行なう道である（邦訳書『イデオロギーとユートピア』１５１頁～１５４頁）。知識や認識一般は社会的に拘束されるが、組織から解放された自由なインテリゲンチャは、特権による知識の改竄やプロパガンダから逃れて自由に発想し発言できる。マンハイムは後者に課題を託した。彼らは洗脳のような強圧的なマインド・コントロールに対抗できなければならない。

先ず拘禁的状態に置かれないことだが、拘禁的状態に置かれても孤立感を避けるためそこに居ない外部の愛する人々と心の会話をする、可能な限り身体的衰弱を避け、感情移入を避け、ユーモアの感覚を失わない。こうしてヴィクトル・フランクルはナチの強制収容所から生還できた［フランクル『夜と霧』一九四六年］。

ひとは相手に気づかれず騙すことができる。自由主義社会では気づかずにマインド・コントロールされることが多い。相手の政治言語に気を付けろ、と言うしかない［拙著『コトバニキヲツケロ！』二〇一六年＋『政治言語の研究』二〇二三年］。

（二）プラトンの対話形式　理知に拠るマインド・コントロール

プラトンの著作のほとんどは対話体で書かれている。『ソクラテスの弁明』も、対話的形式と言っていい。

プラトンはソクラテスの言行を自分がどう理解したかを記録した。ソクラテスは市民と対話し問答して言論活動をしたから、プラトンの著作が対話篇になるのは自然である。

特に前期の対話篇は相手の発言を吟味し論駁する形を採っている。論破された相手は敵意を抱き、ソクラテスを中傷し刑死に追い込んだ。

ソクラテスは「行き詰まり《アポリアー》」に追い込む問答法を採ったが、ソクラテス自身は積極的に自分の見解を提示しない。

ソクラテスの「問答」は「対話学習」のお手本のように言われているが、とんでもない。クセノフォーンは『ソークラテースの思い出』の中で、以下のようなソクラテスとの問答を伝えている。

ソクラテスは、法の制約と同時に国民の同意を真の王政の必須条件として挙げ、法律に則らず国民の同意も得ず、支配者の意のままになされる統治を独裁政と呼んだ。クセノフォーンが「もし仮に法を守るはずのその王が法を破る行動を始め、善い進言を聞き入れず進言者を粛清したら、その王を退位させる権利が国民にあるのか」と問うた。すると、「身の安全を保てるか、それとも身を滅ぼすかね?」と逃げ腰になり、答えをはぐらかした。クセノフォーンが訊きたかったのは、善い進言を拒絶する支配者を排除する権利が国民にあるかどうかであった。ソクラテスの論法は次々に問いかけては相手の答えを否定して相手を追い詰めるが、相手の問いははぐらかして逃げる「否定的問答法」。自分の確答を明言しない。日本の国会答弁で悪用されている。

しかし、中期と後期の対話篇になると、積極的に自分の見解を提示する「教説提示的《ドグマティック》」になってくる。前期の対話篇で主役のソクラテスが示唆した見解がプラトン自身の教説に発展したからであろう。アカデメイアでの授業も後期になると、一問一答の対話形式を採っていても、プラトン自身の教説を長々と論述する講義形式になってくる。

ただし、対話の行われる場所と登場人物は様々であっても、対話をリードし語るのはソクラテスであり、著者のプラトンは登場せず不在で、プラトンが「私はこう考える」と一人称で読者に語りかけることはしない。

それにしても、プラトンはなぜ、著作のほとんどを対話篇にすることに拘《こだわ》ったのか。私は、「教説の特権化を回避したいからだ」という中畑正志『はじめてのプラトン　批判と変革の哲学』一九九八年）の説に賛成する。

プラトンの時代は、執筆したり書物を公けにできることは現代に比べて、はるかに貴重であり知的エリートの証しであった。元々、著者（author）であることと権威者（author）であることは同じ意味だった。

プラトンは「アカデメイア」という学園を創立し主宰したほどの権威者である。プラトンの書というだけで、読者は自分でよく「吟味」せず、その内容を無批判に受け入れてしまう可能性が少なくなかった。

プラトンが目指したのは、登場人物間の対話を通じて、提示された問題の考察に読者を巻き込んで、自分自身で考えさせることだった。プラトンは読者をマインド・コントロールして自分の教説を押し付けたくなかったのである。

プラトンは人間の思考《ディアノイア》の本質を、魂の内なる対話と規定し、言葉《ロゴス》を語ることはディアロゴス対話することだと言う。

「蟹は甲羅に似せて穴を掘る」ように、アテナイ市民はマインド・コントロールされて、寡頭制、民主制、僭主独裁制と、政体を替える。プラトンはどの政体下でも苦渋を嘗《な》めた。プラトンは理想の政体を模索した。

知らないと自覚した者は「知」を求める。「無知の自覚」すなわち「無知の知」こそが「知」の原点である。「知」は「吟味」されなくてはならない。

「徳（アレテー）」の基本的意味は「卓越性」。どのような人間が卓越した人間と見なされるかは時代と社会による。前五世紀のアテナイでは政治的能力と手腕を持った市民のこと。政治には言論の能力が必要だったから、「国家の公事」に携わろうとする市民はソフィストにお金を払って、言論の能力を磨いた。

プラトンは「有徳《アレテー》の士」を養成するためにアテナイの郊外の森の中に「アカデメイア」を創設した。しかし、哲人政治の理想国実現には失敗し、八〇歳で没した。

（三）プラトンの政治哲学　理知主義の復権

●対話篇に出てくるソクラテスの哲学的見解の凡てが、ソクラテスの見解そのものとは限らない。ソクラテスの教説を原点としてプラトン自身が自分なりに展開させたものと考えて論を進める。

・「かつて若いころ、私は他の多くの人々と同じことを感じました、すなわち私は独立して、一人前の男になるや否や、直ちに国家の公事に携わろうと考えたのです」（山本光雄訳）。プラトンの出自からすれば、なお更、当然であった。「国家の公事《くじ》に携わる」準備のためにソクラテスに師事したとも言える。

ソクラテスにとって「政治的であること」は、市民一人ひとりに自分の無知を自覚させ、「知」を探求し哲学させて、「善き人間」に導くことだった。「有徳の士」こそが「国家の公事」つまり政治に携わるべきだと考えていた。
・プラトンは、戦争と政治的激動の時代を生きた。ペロポネソス戦争（前四三一年～前四〇四年）は中断を挟んで28年の長きに亘《わた》った。戦争の4年目に生まれ、戦争が終結した時、プラトンはおよそ二四歳になっていた。
ペロポネソス戦争はアテナイとスパルタのギリシアでの主導権を争う内戦であり、古代ギリシアの世界大戦。スパルタの勝利に帰したが、ギリシア世界は衰勢に向かい、やがてマケドニアのフィリッポス2世にギリシアの覇権を握られ、その子のアレクサンドロスが東西平和の大事業を引き継ぐ。

国事をめぐる事態は目まぐるしく推移する。戦争直後、プラトンの二人の叔父のクリティアスやカルミデスらが反民主派の「三〇人政権」を樹立する。この政権はスパルタ勢力をバックにして僭主政を敷き独裁化し、反対派を次々に捕え処刑し、恐怖政治を現出した。多くの市民が国外に逃れた。ソクラテスの友人カレイポンや後にソクラテス告発の主謀者アニュトスらも亡命した。

「三〇人政権」はさらにソクラテス他にサラミス島から無実のレオンを処刑のために強制連行するよう命じた。ソクラテスは自分だけ帰宅して不当な命令を拒否し、独断で自分だけ帰宅した。「私は嫌気がさし、その時のいろいろの悪から身を退けたのです」（藤沢令夫訳）。

一年半で「三〇人政権」が倒れた。敗戦の翌年の前四〇三年、民主派の武力勢力により僭主政権が崩壊、民主政権が復活した。

・ところが前三九九年、民主派の実力者アニュトスを後ろ盾とするメレートスという若い詩人が師ソクラテスを告訴した。ソクラテスがポリスの認める神々を信仰せず、別の新奇なダイモン教の祀《まつ》りを導入し、青年たちを堕落させる罪を犯したと弾劾した。ソクラテスは持ち時間3時間で弁明に努めたが、有罪判決を言い渡され、死刑に処せられた。

その時、プラトン二八歳。「およそ誰にもましてソクラテスに最もふさわしからぬ罪名で、法定に連れ出しました。彼らはソクラテスを神に対する不敬のかどで召喚し、ついで有罪判決を下し、死刑にしたのです━彼ら自身が亡命の悲運にあったところ、亡命者の味方であった一人を連行しようという、不詳の企てに手を貸すことをあえて拒絶したそのソクラテスを！」（藤沢令夫訳）。

ソクラテスは死刑判決後に予言する。「私を死罪に処した諸君よ、私の死後直ちに諸君には復讐が、しかも諸君が私を死罪にすることによってもたらした復讐よりも、誓ってはるかに苛烈な復讐がもたらされるだろうと私は言う」「諸君が私を死罪にしたのは、生活の吟味を受けることからまぬがれようと思ってであるが、……。諸君を吟味する人々はもっと多数になるだろう」「諸君は人間どもを殺すことによって、諸君の生活が正しくないと言って非難する人々を抑え止めることが出来ると思うなら、その考えは正しくない。そういう仕方で逃れようとしても、それは全く出来ることではなく、また立派なものでもない」「自分が出来る限り立派な人間になるように、自分をととのえるのが、最も立派なことでもあり、最も容易なことでもある」（山本光雄訳）。

そしてクリトンに拠ると、ソクラテスは「法律によってではなくて、人間どもによって不正を受けたものとして」立ち去った（山本光雄訳）。

・プラトンの師ソクラテスは民主主義に幻滅したのだろうか。ソクラテスの言行を対話篇に書き残したプラトンに拠れば、普通の人びとに幻滅していたと言える。「ソクラテスの死は民主制に対する彼の忠誠心の表明である」（佐々木　毅『プラトンの呪縛』二〇〇〇年291頁）。

友人たちはソクラテスに脱走を薦めた。確かに脱獄は比較的容易だった。しかし、ソクラテスは「悪法も法であり」、「国法を犯すことは不正なことだから、たとい不正に死刑を宣告されたとしても、国法に背いて脱獄することはできない」と拒絶した。プラトンは正義について議論する対話篇『ゴルギアス』の中でソクラテスに、「他人に不正を加えるよりも自分が不正を受けるほうを選ぶ」と言わせている。

ソクラテスは、立法者と彼らにマインド・コントロールされて、その立法を認める市民に幻滅したのだ。彼らは、無知を自覚し「覚醒」し、「知」を探求しない。「今日の凡ての国はいずれも悪く政治されている」（山本光雄訳）。

ソクラテスは民衆に媚びることはしなかった。ソクラテスはある日、政界に身を置くカルリクレスと問答する。ソクラテスは「医者のようにアテナイ人が善くなるような世話の仕方をするか、召使のように仕えて機嫌を取る仕方をするか」と彼に問う。するとカルリクレスは後の仕方に依らないと、君はそのうち死刑に処せられることになるとほのめかした。国事に携わる者はポピュリストになってはならない。

・プラトンはプラトンの縁者たちが主導する「三〇人寡頭政権」から参画を求められたが、「彼らが不正な生き方から正しい生き方へと国を導いて統治してくれるだろうと期待して、彼らの為すことを注意ぶかく見守っていた」（藤沢令夫訳）が、その期待は短時日のうちに完全に裏切られた。その後に樹立された民主政権は、師ソクラテスを刑死させた。

「哲学」は当時のポリス社会では一人前の市民が携わるべき仕事とは認識されていなかった。プラトンには「国家の公事に携わる」熱望はあったが、政権参画を断念した。「正しいか、正しくないか」という道義感覚で哲学しながら、時の政権とは一定の距離を保つことにした。

12年間の遍歴の締めくくりにシケリア島のシュラクサイに渡った。そこでプラトンはディオニュシオス一世の僭主独裁政治を目の当たりにする。王の義弟のディオンはプラトンの愛弟子だったが、暗殺されてしまう。

前三八七年、アテナイに帰ったプラトンはアテナイ郊外北西に「アカデメイア」を創設。哲学の内実を図り、師ソクラテスのように「歩き廻る良心」にはならずに「アカデメイア」で暮らし、「問答対話《ディアレクティケー》」によって、正しく哲学する政治指導者の養成を図り、著述活動を継続した。それは師ソクラテスの言う「政治的なこと」であった。

「徳（アレテー）」の基本的意味は「卓越性」。どのような人間が卓越した人間と見なされるかは時代と社会による。前五世紀のアテナイでは政治的能力と手腕を持った市民のこと。政治には言論の能力が必要だったから、「国家の公事」に携わろうとする市民はソフィストにお金を払って、言論の能力を磨いた。

師のソクラテスにとっても「政治的であること」は無知を自覚して「知」を探求し、「善い人間」

になることだった。しかし、哲人政治の理想国実現には失敗し、紀元前三四七年、八〇歳で没した。

紀元前三六七年、ギリシア植民都市スタゲイラからアリストテレスという一七歳の青年がアテナイに来て、「アカデメイア」の門を叩いた。

この学園は紀元後五二五年、ローマ皇帝ユスチニアヌスによって閉鎖を命じられるまで、約９００年間続いた。

●国事に携わる者、つまり政治家はどうあるべきか。プラトンはソクラテスの言葉を伝えている。「もし、或は哲学者たちが国々において王となるか、或は今日のいわゆる王たちが真実にそして充分に哲学をやるかして、これが、すなわち政治的権力と哲学とが一緒のところに落ち合い、そして今日では多くの人々がその両方のどちらか一方へ別々に進んでいるけど、それが妨げられるのでなければ、……国々にとって、……人類にとっても禍の止むということはないのだ。」（山本光雄訳）。

誰が支配すべきか。哲学と政治権力を一身に兼ね備えた者たちが国を支配すべきだと、プラトンは言う。「正しく真実に哲学している人びとが国政の座につくか、あるいは、現に政権を握っている人びとがほんとうに哲学するようになるか」（藤沢令夫訳）なのである。

プラトンの考える理想国は支配者と軍人と生産者の三つの階級から成る。上に哲学者たちを統治者として、中に哲学者を助けて国を守る軍人や戦士の階級をその守護者として置き、彼らの下にこの両者を養う農夫や職人の労働者階級を被統治者として持つ国。プラトンは、賢い少数者が無知な多数者を支配する自然な階級社会として容認した。プラトンは哲人政治に商人階級を参加させなかった。

プラトンは紀元前四二七年、アテナイ貴族の一門に生まれたから、プラトンの政治哲学には貴族的バイアスがある。プラトンも無謬ではなく誤りを免れ得ない。ソクラテスも自ら誤る可能性を「吟味」していた。

プラトンは哲人による貴族的独裁制を構想した。従って、プラトンの理想国の綱領には全体主義《ファシズム》的要素が見られる。

「ファシズムは決して愚行の産物ではなく、民主制自体が機能しなくなり、普通の人びとがそれを守るに値しないと考えるようになったことからの帰結」である（佐々木　毅『プラトンの呪縛』二〇〇〇年２４２頁）。

プラトンは、理知に基づく政治を構想し、上に立つ者は理知主義者でなくてはならないと言いたいのである。

「民意」と言っても、反理知のマインド・コントロールに遭って、「捏造《ねつぞう》」された世論なら、むしろ哲学者が統治者となって世論を善導したほうが善いとプラトンは考えたのである。

あらゆる社会的変化は退廃、腐敗、退化に至るが、それが極限に達すると、その流れは静止し、人間の、あるいは超人間の努力によって終止符を打つことが可能であり、人間が道徳的あるいは知的な努力をすれば転換できると、プラトンは考えた。

●政治が腐敗するのは、主として道徳が腐敗し、知識が欠如したからである。民主体制の脆弱性はその知的誠実さの欠如と権力志向にある。統治者の知性の力と道徳的意志によって政治の腐敗の時期を終焉させられる。ソクラテスもプラトンも、統治者には哲学を説き、一般市民には「説得」を試みた。

ソフィストのアンティフォーンがある時、ソクラテスに「自分では政治にたずさわらないのに、それでいて他人を政治家に仕上げると考えるのは、どういうわけだね」と訊いたとクセノフォーンと伝えている（『ソークラテースの思い出』佐々木 理訳）。

ソクラテスが答えた―

「どうかな、アンティフォーン、私が一人で政治にたずさわるのと、できるだけたくさんの人が政治に有能な人物となるように心がけるのとでは、どちらがよけいに政治に参与することになるんだろうか。」

ソクラテスは一般市民に「無知の知」と理知主義を説いたが、幻滅していたように見える。プラトンも政治には直接参与せず、「アカデメイア」で有能な統治者たちの養成を図り、哲人政治を構想した。

「知」が大衆化した現代は反理知の風潮の中にあり、反理知のソフィストらが横行している。統治者も一般市民も、理知主義者にならなければ、全体主義的な世界が到来する。

（四）マキアヴェッリ『君主論』の理知主義

●『君主論』は君主政下で権力を如何に獲得し如何に維持するかを論じ、君主に必須の資質を冷徹に論じた。正統でも世襲でもない新らしい君主には、人並み以上の資質がなお更、必要である。

『政略論』では、あらゆる政体下の権力とその適用を論じているが、主に共和政を主としながらも諸政体全般を論じた『政略論』を書き始めていながら、ニッコロは、それを中途で止めて、一五一三年七月から一二月にかけて一気に『君主論』を書きあげた。

ニッコロは熱烈な愛国主義者《パトリオット》であった。「ことが祖国の存亡を賭けている場合、その手段が正しいとか正しくないとか、寛容であるとか残酷であるとか、賞讃されるものかそれとも恥ずべきものかなどは、いっさい考慮する必要はない。何にも増して優先さるべき目的は、祖国の安全と自由の維持だからである」。

●マキアヴェッリは『政略論』で、政体を「君主政」「貴族政」「民主政」の三つに分類したが、これらは堕落すると、「僭主政」「寡頭政」「衆愚政」となる危険がある。だから、これら三つの政体の良い点を合わせ持つ「混合政体」こそ望ましいと説いた。それに近い政体として、最終的に「完全な共和国」を実現させたローマを挙げている。

どの政体であれ、本来的に不安定である。君侯ら貴族と平民あるいは富裕層と民衆という対立する党派あるいは社会勢力が存在する。だから、この対立する社会勢力が釣り合い緊張関係を保つような均衡し、「富裕層の横暴」や「民衆の放縦」を抑制するために「牽制し合う」ような「公共の自由に役立つ法律や制度」が必要である。競合する社会勢力が権力を奪取しようとする動きを互いに監視し合い、公的な利益を促進し、腐敗を防止するのである。

●プラトンやアリストテレスの時代の政治は倫理と同じことであった。マキアヴェッリは政治と倫理を明快に切り離した。

プラトンもアリストテレスもトマス・アクィナスも、ほぼ同時代人のトマス・モーアも、政治とは、人間の本性に根ざした「ヴィルトゥス」の問題であると考えていた。

「ヴィルトゥス（virtus）」というラテン語は専ら、「徳」の意味で使われていたが、マキアベェッリは、これに「力量、才能、器量」の意味も含めた。「ヴィルトゥス」は君主、支配者、有力者ら政治権力者にも民衆にも必要である。マキアヴェッリは、「運《フォルトゥナ》によってではなく、自らのヴィルトゥスによって」権力を得た者が「最も賞讃すべき指導者」であると認めた。

ただし、民衆は「様々な意見で分裂している」から共和国を樹立するためには民衆の「ヴィルトゥス」ではなく一人の「ヴィルトゥス」に任せることが必要不可欠となる。だから、「ヴィルトゥス」を十分に発揮して行為する政治指導者を見つけ、国の運命が、いずれ民衆の「ヴィルトゥス」に依存するように国を組織する君主を選ぶことが肝要である。

政治的ヴィルトゥスは「良い教育から生まれる」が、その教育はさらに「良い法律から生まれる」とマキアベェッリは書いている。

政治権力を獲得し維持するには倫理的に悪しき行為も有効である。不正を行なうには暴力と欺瞞による二つの方法がある。その二つとも「獣にこそ相応《ふさわ》しく」、「人間には全く相応しくない」。暴力はライオンを象徴し、欺瞞は「狡猾なキツネに属する」。

「君主は運命の風向きと事態の変化とが求めるところに従って、変幻自在となる気構えを持つことが必要なのである」。

これは専制君主だけでなく政治指導者一般にも必要なことだろう。

（五）「集合的理性（raison collective）」に拠る共和政体

●科学者として出発してフランス革命期を生きた思想家コンドルセは「知の力」を信じていた。各人が理知を身に着けて統治者の言動を、日々検証し問い直す社会を構想した（永見瑞木《みずき》『コンドルセと〈光〉の世紀 科学から政治へ』）。

彼は人間の理知に〈光〉を見出し、死に至るまでの短い期間を、絶望的な環境の中で『人間精神の進歩の歴史表の素描』を書き、一七九五年に刊行した［前川貞次郎の邦訳書は『人間精神進歩の歴史』一九六六年］。この書は「世紀の遺書」とも「革命の聖書」と呼ばれている。

同じく科学者（核物理学者）として出発したドイツのメルケル首相は東日本大震災後、「脱原発」に国策を転換し、二〇二二年九月の時点で残る原発は2基のみとなった。理知的に判断した成果である。

一方、日本政府は原発回帰へ大きく舵を切った。原発の運転期間の延長を盛り込んだ法案が四月二七日、政府は正面からの答弁を避けたまま、賛成多数で衆院を通過した。政府は7基の再稼働を進める方針だが「地元合意」が済んでいない。再稼働をめぐる議論も低調、つまり反理知のマインド・コントロールも進まない。

一七四三年九月、古い貴族の家系に生まれ、科学者として出発してフランス革命期を生きた思想家コンドルセは「知の力」を信じていた（永見瑞木《みずき》『コンドルセと〈光〉の世紀 科学から政治へ』

二〇一八年)。彼は終生、人間の理性を信じ、デモクラシーの可能性を追い求めた。

彼は人間の理知に〈光〉を見出し、絶望的な環境の中で『人間精神進歩の歴史』を書き、一七九四年三月二八日に逮捕され、その翌日、独房で死亡が確認され、著書はその翌年、刊行された。この書は「世紀の遺書」とも「革命の聖書」と呼ばれている。
●コンドルセがフランス革命期を通して問題にしたのは、合法的に選出された一部の人民の代表者による恣意的な意志に因る支配だった。人間は誤謬を免れない存在だからである。
この時代の最も懸念すべき社会通念は、主人に対する奴隷のような服従であった。これは「他者の恣意的な意志への服従」で、「法の意向に反して代表が平等でなく、実質的でもない時、あるいは法により確立されていない権威に服している時」に生じる状態である。コンドルセはこれを「間接的専制」と呼んだ。[以下の「」引用は永見瑞木訳]。

コンドルセは一七八八年秋、『権利の宣言』の執筆を開始し、一七九二年秋から国民公会の議員になったコンドルセは、憲法委員会のメンバーとして憲法草案の作成にも取り組む。憲法草案全体は人権宣言と憲法条項から構成されている。

「人間は他人に服従する習慣をこれほどにも身につけてしまったため、かれらの大半にとって自由とは、自分自身で選んだ主人に服する権利となっている」。

同時代人の自由に対する意識は低かった。「主人を自分で選ぶだけで自由を享受している」と満足してしまっている。
●この時代に人権宣言をすることは、社会の全般的な平穏を保証することになるし、社会の変革を平穏に進めることを意味した。

コンドルセは権力に因る人権侵害を、法律の規定自体が権利の侵害である場合と法律を執行する際の侵害とに分けて考えた。前者を防ぐために権力の限界を具体的に定め、後者を防ぐために権力行使の規則を明確に定めた。

従って、一七八九年夏に国民議会が採択した人権宣言が17条であるのに対して、彼の人権宣言草案には80以上の小項目が列挙され、誰にでも権利の侵害が分かるように詳細な説明が加えられている。コンドルセは「公的権力の名において法により為される人間の権利の侵害すべて」を「暴政（tyrannie）」と呼んだ。

憲法委員会の「人間と市民の権利の宣言」は、彼には不満の残る内容だった。「憲法の改革の合法的で平穏な手段」を国民に保証する条項が必要である。

憲法の改革はその時々の支配的な勢力が恣意的に行なってはならない。人民の意志に基づいて設けられた国民議会と定期的な特別議会が、時代の人間精神の進歩に合わせて補い合いながら行なうべきである。

●統治者に対する「支配権（empire）」は被統治者にある。国民は合法的に意見を表明し異議申し立てをして、特別議会を召集して憲法や法律を修正し、議員や公職者の任期を短く設定して頻繁に入れ替え、人民の信頼を更新する。コンドルセはこれを「人民による審査」と呼んだ。

執行府は立法府に対して従属的で、「人民の役人」である執行者を公選で選ぶ。執行府の監視は人民の名の下に「国民陪審院」が行なう。

●意志は恣意的なもの。恣意的な意志で権力を行使してはならない。政治社会を形成する時に従うべきは意志ではなく理性。統治者は最大多数の「集合的理性（raison collective）」に従わなければならない。

圧政を防止できるのは結局、国民の知的能力だから、コンドルセは公教育の制度を構想する。

学問や技術の発展は、教育を受けた人々と教育を受けない人々との格差を拡げ、無知な者は知者に盲目的に依存する。国民が共通の権利を享受するための公教育が必要である。公教育ほどデモクラシーに有益なものはない。「この制度により、毎年、多数の貧しい階級出身の何人かは、他のあらゆる階級の教養ある人々と知性において並び、この手段によって同じ地位に就くことが可能となり、人民と上層階級の間のある種の繋がりを形成し、彼らを分かつ深い溝を埋めるだろう」（永見瑞木訳）。

コンドルセは優れた一部の人間だけでなく、社会のあらゆる知性による協同」できる社会を目指した。

●コンドルセはどんな共和主義者だったのか。

コンドルセにとって共和政体とは人権が保持され、立法権が国民や国民の代表によって行使される政体である。

しかし、立法権の行使は、最大多数の国民にとっては見せかけにすぎない。彼らの「恣意的な意志」の表明だから、である。だから、立法権より他の権利を自由に確かに享受するほうを優先させるべきだ。

世襲または選挙によって執行権力を与えられる首長である君主は執行責任が免責され、閣僚の任免権を握るのに対して、共和政体は世襲制と無答責制を否定する政体である。

コンドルセは国王に代って人民が選出した代表たちの合議体が執行権を行使することを提案する。人民の知的能力を疑問視する声があったが、コンドルセはその心配はないと考えた。公教育によって国民の知識水準を高めればいいからである。

ソクラテスは問答法でポリス市民の理知と徳を高めようとして失望した。プラトンは政治に携わる有徳の士の養成を意図して「アカデメイア」を創設した。一方、コンドルセは一般国民の知的能力の向上に期待し、デモクラシーの可能性を追求した。

（六）「知を結ぶ」政治指導者

●無知に因る政治屋の暴言妄言が相次いでいる。彼らの「知識水準」は今なお低い。
プラトンは政治に携わる理知と徳を兼備した人材の養成を意図した。コンドルセは一般国民の政治意識を高めるために公教育の活用を構想した。

今の日本には政治指導者養成の政治塾もあり、政治意識を高める主権者教育もあるが、政治倫理に反する政治屋が跋扈《ばっこ》し、若者の投票率は依然として低い。

政治倫理審査会は、実定法に抵触しない議員の問題行為にも勧告できる。「統一教会」から選挙運動支援を受けても、実定法に違反するものではない。しかし、国民を浸食する悪徳ビジネス集団の

「統一教会」に「お墨付き」を与える見返りに強力な選挙支援を受けるのは明らかに政治倫理に反する。「救済新法」は「濃厚接触」した議員を救済しただけだった。

●議員は特定の社会層の利益の代弁者とも言えるが、次の選挙に備えて自分の支持層や業界に利益誘導するのは政治屋。

しかし、見識ある政治家ならば、大所高所に立って利害を深慮遠謀し、公正に誠実に政策を実行する。

ヴェーバーは政治家に必須の資質として、「情熱」「責任感」「判断力」の三つを挙げた。「情熱」とは「責任感」と結びついた情熱的な献身のことであり、「判断力」とは、責任ある行為をするために冷静さを失わずに「事物と人間に対して距離を置いて見る能力」である。陰の実力者の声ばかり「聞く力」など、政治家には不要な資質である。

●岩倉具視は「大久保は才なし、史記なし、只確固と動かぬが長所なり」と評した。大久保には才知や知識は無いが、物事に動じないのが長所だと言うのだ。

大久保は公私を峻別して、「公」を優先させ「私」を断つ政治家だった。寺田屋騒動では島津久光の命に従い「誠忠組」の仲間を断罪し、のちにその久光と確執し、征韓論では西郷や江藤らを政権から追放。佐賀の乱では兵を置き去りにして逃亡した首魁らを「実ニ一箇之男子タル者ナシ」と斬首、「江藤の醜態は笑止」と鳩首《きゅうしゅ》に処した。西南戦争では竹馬の友の西郷と袂を分かった。

大久保は数に恃《たの》む公議や衆議を嫌い、理知に基づく「公論」を尊重し、「知」を結んだ。広く知見を集め、「有司」つまり官僚の異見を封じることもしなかった。

大久保はある日、旧幕臣の前島密と旧鳥取藩士の松川道之と昼食を共にした。卓上にガラスの水差しが置かれていた。ガラスがあまりに透明なので、埃のような物が見えた。松川は「飲んでも害はありませんが、これを見た人は咎めるでしょう。茶色か緑色の水差しのほうが、よかったでしょう。蓋し、政府の処置も、これに類するものと思われます」と言ったが、大久保は「それはそうだが、ガラスの外からこれを透視するのならば害はまだ小さい。その内側で明かりを失うようなことは大いに避けなければならない」と返答した。大久保は政治の透明性を説いたのである（瀧井一博『大久保利通「知」を結ぶ指導者』）。

南アフリカ共和国のマンデラ大統領は政治指導者を賢い羊飼いに喩えた。「羊飼いは群れの後ろにいて、賢い羊に先導させる。あとの羊たちはそれについていくが、全体の動きに目を配っているのは後ろにいる羊飼いなのだ」。

●議員先生は「頭のいい人たち」だが、「愚か者めが！」「原発事故で死亡者は出ていない」と暴言妄言を吐く。無知を自覚できない者こそ「愚か者」であり、政治家の資格がない。

都合の悪い新文書は「捏造文書」と決めつけ、「放送法」の解釈変更が「表現の自由」を侵すことになるとは、頭が回らない。「知識水準」の低い閣僚ほど行政専門家の官僚と「知」を結ぶ必要があるのに、内閣人事局を設けて、行政の専門家の官僚の裁量を制限する。

「統一教会」と「濃厚接触」しておきながら、「知らなかった」と惚ける。彼らの後援会も支援者も、それを咎《とが》めない。

「政治家は役人を恫喝《どうかつ》してはいけない。役人は政治家をバカにしてはいけない」（自社さ政権で文相を務めた与謝野馨)。

昨今は、官僚の作成した作文を俯《うつむ》いて読み上げる閣僚が増えた。国事に奔走する者として、自分の無知に気づいたら、自分で「知」を求めるか、「知」を備えた専門家たちの「知」を結ばなければならない。

反理知主義が跋扈《ばっこ》している今日、「覚醒」した「頭のいい」主権者は「知」を結べる政治指導者を選ばなければならない。

☹「非」を「是」とするは「愚」

「是を是とし非を非とする、之を智といい、是を非とし非を是とする、之を愚という」(『荀子』)。原発事故被害者が、原発再稼働や汚染水海洋放出を「非」としているのに日本政府は最古の原発の再稼働や「処理水」放出に踏みきる。

政府は専守防衛の原則を捨てて「敵基地攻撃能力」や防衛費増額や殺傷兵器輸出などを「是」とし、「自公民」は軍事産業の育成を図る。バイデン米国大統領はこれらの日本政府の政策を称賛している。

「維新」代表は共産党を、「破壊活動防止法」に基づいて調査団体に指定されている「危険な政党」と断じた。自民党の元総裁も同じ発言をしていたから、「維新」はまさに「第2自民」だ。

自民党は「統一教会」と「濃厚接触」した議員を次期衆院選の公認候補とし、その一部を選挙区の支部長に決めた。当選したら、有権者も悪徳擬似宗教集団からの選挙支援を「是」としたことになる。

「党利党略」に奔る政治屋は次の選挙だけを考える。大衆は「覚醒」して「反逆」(オルテガ・イ・ガセット)し、「智」なる有権者は「非」を「是」とする「愚」なる政治屋を落選させなければならない。

第8講

反理知時代の地方選と自治体議会

✍田中正造の「記名投票論」と「顔ばれ」

選挙になると、候補者は有権者の関心を、不都合な争点から逸らし一般受けするスローガンに惹き付けようとマインド・コントロールする。

自治体議員は目先のローカルな利益誘導に囚われ、反理知的な政治判断をする。山口県上関《かみのせき》町議会では二〇二三年八月、町議１０人中７人が「中間貯蔵施設」建設に向けた調査の受け入れに賛成した。「中間貯蔵施設」建設が実現すれば、「町の経済効果が見込まれ、恒久的な財源確保に繋がる」というのが賛成理由。それでは町を核燃料の最終処分場にしかねない。

それでは7人の町議は無責任に政治判断したことになり、彼らに投票した町民の責任も問われる。日本国憲法第一五条第四項は「すべて選挙における投票の秘密は、これを侵してはならない。選挙人は、その選択に関し公的にも私的にも責任を問われない」と規定している。

ところが、明治期初の衆院選では有権者は投票用紙に自分の住所と氏名を明記したうえで、捺印《なついん》もする必要があった。

明治二八年（一八九五年）三月六日、衆院本会議は「衆議院議員法」改正案を審議した。かつて足尾銅山の鉱毒事件で住民の先頭に立って闘った田中正造は無記名投票に断固反対した（小松裕『田中正造』一九九五年63頁）。

特定の候補者に投票した有権者の責任は重く、選びっ放しでは無責任。自分の選んだ議員の政治活動を監視する責任が有権者にはある。

昨今は、候補者も有権者も旗幟《きし》を鮮明にせず、投票者は「顔ばれ」を怖れ、どの候補者に投票したかを秘密にし、投票責任を逃れる。

選挙不正して当選したり収賄した議員や「統一教会」と「濃厚接触」した議員を選んだ有権者の責任も問わなければならない。

千葉９区選出の衆院議員の秋本真利容疑者は約７千万円を収賄し、新型コロナウイルス対策の給付金約２００万円を不正に受給して、「馬主」活動に使っていた。秋本容疑者を　４回も連続当選させた千葉９区の選挙民は「任命責任」を取らなければならない。

札幌法務局と法務省に「人権侵害」と認定された杉田水脈《みお》衆院議員が自民党環境部会長代理に抜擢され、次期衆院選の比例中国ブロックで優遇されて再当選する可能性がある。杉田議員には「顔ばれ」しないＳＮＳフォロワーが多数居るからだ。

（一）統一地方選総括　低迷する投票率

●二〇二三年四月の統一地方選の投票率は過去最低だった。首長選の３割近くは無投票当選だった。市長選の平均投票率は４７・７％。市議選は44・３％。私の住む白井市では対立候補がなく、笠井喜久雄氏が二度目の無投票当選を決めた。

41道府県議選では「統一教会」との接点を認めて立候補した候補者のうち９割が得票数を減らしたものの、再当選した。

地方議会選の投票率も低迷が続いている。候補者が出ても、選挙スローガンが似たり寄ったりでは選びようがない。

二〇二二年の東京都品川区の区長選では6名の候補者全員が、当選に必要な得票数つまり「法定得票数」を獲得できず、再選挙になった。再選挙でも法定得票数に達する候補者がいなければ、再々選挙になる。

再選挙には2億円もかかるから再々選挙を避けるために仕方なく1回目の最得票者に投票したということだろう。

●彼らは争点を明確にして旗幟《きし》を鮮明にしない。原発立地の自治体選挙に出馬した候補者の多くは原発推進の是非に旗幟を鮮明にしなかった。これでは本性と真意を偽《いつわ》っての立候補で、有権者は投票のしようがない。

万人受けするスローガンを総花的に並べるのではなく、争点に旗幟を鮮明にした政治的識見の高い具体的な選挙公約を掲げる候補者が出馬することを、私は切に望む。

地方選であるから、地元に利益を誘導するローカルな選挙スローガンを掲げるのは当然だが、私はどんなグローバルなスタンスに立っているのかが気になる。

私の住む白井市の市議会選に22人が立候補した。この22人に「しろい九条の会」が公開質問状を送った。内容は「自民党の憲法改正案」「防衛費増額」などの5項目である。

しかし、回答を寄せたのは13人だけ。無回答候補者のうちの5名は、「特定の主義・主張をもつ団体の質問には回答を控えさせていただく」旨の返答を寄せた。

「特定の主義・主張」を持たないノーサイドの団体などない。この5名も「特定の主義・主張」を持った党派や会派に属している。

無回答なのは自分のスタンスを鮮明にしたくないからで、そんな候補者ばかりでは投票のしようがない。

回答を控えた5名の代表格の古澤由紀子自民党候補は地元紙で改憲を主張しておきながら、いざ選挙になると、改憲には触れずに立候補し上位当選を決めている。

原発立地の地方自治体での首長選や議員選でも、争点の原発再稼働に関する賛否を鮮明にしない候補者が当選している。

●ポルトガル人宣教師のルイス・フロイスは「日本では曖昧な言葉が一番優れた言葉で、最も重んじられている」と書き遺している。

日本語の「ファジー」には「はっきりしない」というネガティブなニュアンスばかりでなく「考え方が柔軟である」「臨機応変に対応できる」というポジティブなニュアンスがあるらしい（唐沢明監修『社畜語辞典』（二〇二三年）。

「顔バレ」を怖れて旗幟を鮮明にしない有権者の政治意識も問われる。

（二）千葉5区補欠選挙　争点外しの選挙戦

衆院千葉5区補選の場合は、薗浦《そのうら》健太郎議員が虚偽記載など政治資金規正法違反で略式起訴されたことに因る。だから、この補選の争点は「政治とカネ」。

だが、「自民」候補は「政治とカネ」の問題には触れず、安全保障強化やら自衛隊明記を訴えた。応援演説に来た小泉進次郎元環境相は「この選挙、自民党が反省するところからのスタートなのは私もその通りだと思う」と切り出したが、「旧統一教会」との「濃厚接触」にも「政治とカネ」にも言及せず、他のスローガンを並べた。

「共産」はじめ「政治とカネ」の問題を取り上げる野党候補もいたが、他のスローガンと並べて訴えた。従って、争点は暈けた。

「自民」は「ばら撒いて増税」。「立憲」は霞み、「共産」は地盤沈下し、「社民」と「令和」は行方知れず。

「身を切る改革」の「維新」は勢力を増強し、「維新」議員の身が太る。「小さな声」を聴く「公明」は、大きな抗議の声には耳を貸さない。殺傷能力のある装備品輸出解禁問題には「慎重」で、「自民」の声には耳を貸す。

千葉5区補選で、なぜ「立憲」と「共産」の統一候補擁立が成らなかったのか。憲法、安全保障、エネルギーの3大政策で基本合意が成らなかったから、「野合」もできなかった。「野合」だって合意によって為《な》される。

両党とも統一候補を模索していた。しかし、それは基本合意なしにどちらかに強引に合流させるという言わば「強姦」。

「共産」は早々と斎藤和子候補を擁立し、彼女に「立憲」候補を合流させようとし、「立憲」は彼女を矢崎堅太郎候補に合流させようとした。両党が統一候補を立てていれば、「自民」の英利《エリ》アルフィヤ候補を容易に破ることができた。

（三）白井市議会選挙　その意外

・千葉県議選では、定数１の白井市選挙区に３人が立候補し、「立憲」の伊藤さちこ候補が当選。投票率は40・52％と低かった。市内の日本共産党票は「立憲」候補に流れたが、市内の共産党支部は支持を表明せず、応援演説もしなかった。共産党が支持を鮮明にすると、「立憲」候補の得票が減るからであろう。

白井市の有権者数は５万８１３人。市議選には定数18に22人が立候補。旧市議の死去、辞職、落選に伴い、新人６人が当選した。投票率は43・77％。

・桜台地区は圧倒的に新住民が多い。この地区を地盤に二人の候補者が立候補した。

一人は立憲系の「市民の声」会派の柴田圭子候補。柴田氏は二〇一一年の市長選に出馬し、落選。

二〇一九年の市議選では2259票獲得し、トップ当選。今回も1921得票してトップ当選したが、得票数が減った。

柴田候補と同じ桜台地区から出馬した「立憲」新人の荒井靖之候補が1739得票して第2位当選した。これは意外。市内の立憲支持票を、柴田候補と二人で分けたと言える。荒井市議はおそらく「市民の声」会派に入るだろうと思われたが、「つながろう、白井!」の一人会派を立ち上げた。「市民の声」会派は柴田市議と小田川敦子市議の二人会派になった。

「参政」新人の久保田江美《えみ》候補は1684得票し、第3位当選。彼女は「面《オモ》・しろい活性化計画」会派に入った。「公明」新顔の石原淑行《よしゆき》候補は1267得票して5位当選している。白井市の有権者は新顔に期待を賭けたようにも思われる。

・「共産」の徳本光香候補は1129得票し第6位当選。今回の22人の候補者の中で争点を明確にし旗幟《きし》を鮮明にしたのは、彼女だけだった。

彼女は「コロナ看板」予算削除動議に市議17人が反対し、「統一教会と政治家の関係の徹底究明と霊感商法団体からの実効性ある救済措置を求める意見書」を市議14人が却下したことを、選挙ビラに反対市議の実名を列挙して、問題にした。北九州市議会などは「教団と関係を絶つ」決議をしている。白井市にも「政治倫理条例」があるので、「関係を絶つ決議」ができるではないか。

もう一人の根本敦子候補は951得票して第10位当選。徳本候補と二人で市内の共産票を分け、両候補合わせて2080票を得票したが、前回より共産党票は300票減った。日本共産党の二人が上位当選したとは言え、市内の有権者には共産党嫌いが多い。白井市民の守旧性は相変わらずだ。

・「市民の声」会派の影山廣輔候補は前回の市議選で８９１得票して第9位当選したのに、今回の市議選では６５３票しか得票できず落選した。この4年間、「共産」寄りの言動が目立った所為《せい》だと観測もある。浪人となった影山氏は「しろい九条の会」代表に就いた。
・今回の市議選で10名の女性市議が誕生し、女性市議が55・6％を占め、女性市議比率全国一の市議会となった。
　しかし、女性が政界に進出すれば、政界が浄化されるというものでもない。「愚か者めが！」と怒鳴る東大出の女性国会議員も居れば、「信用できないなら、質問しないで！」と居直る女性閣僚も居れば、「パートするよりマシ」と市議になる高学歴女性も居る。

　私は、性別を問わず、理知主義の政治指導者を求める。
・これまで「日本共産党」会派と議員控室を同じにしていた「市民の声」会派（２人）は、１人会派の「つながろう、白井」と「しろい未来」と同室となった。

（四）千葉県白井市議会議長選　女性市議票の行方

市議選後初の市議会（五月一六日）で市議会議長と副議長が決まった。当選の鍵を握ったのは一〇人の女性市議の票の行方だった。

議長には男性の岩田典之市議と伊藤仁《ひとし》市議、女性の柴田圭子市議が立候補。柴田候補は女性市議一〇人からの得票を見込んでの出馬だった。ところが、得票したのはたったの5票。5人の女性市議、いや彼女に投票した男性市議もいたというから、少なくとも5人以上の女性市議が、最多得票した女性市議の代表格の彼女を敬遠し、他の男性候補に投票した計算になる。前回の市議選でもトップ当選した柴田市議に対する女性市議らの嫉妬心か。

副議長には男性の秋谷公臣《あきやきみおみ》市議と女性の小田川敦子市議が立候補。秋谷市議の副議長立候補理由は意味不明だった。

結果は両候補とも9票を得票したので、籤《くじ》引きの結果、秋谷候補に決まった。女性市議全員の票10を獲得していれば、小田川候補が当選したはず。彼女に投票した男性市議もいるというから、少なくとも女性市議の1票以上が秋谷候補に流れた計算になる。

女性候補が上位当選し女性市議比率全国一の女性優位の白井市議会でも、ついに女性議長・副議長の誕生は成らなかった。

（五）五月の白井市議会報告　市民からの「陳情」「請願」を不採択

●市議会であるから、白井市民の日常の問題や民生的な問題に取り組むのが市議らの仕事であるのは言うまでもない。だから、立候補者は選挙スローガンに日常生活の諸問題の解決を総花的に謳《うた》う。得票に結び付くからだ。路線バスの本数やバス停を増やすとかの公共生活の向上にはどの党派会派も市議も努力して自分（たち）の実績にし、『しろい議会だより』を手柄話しにする。

しかし、それでは、市議も政治家（statesman）の端《はし》くれなのに政治屋（politician）。今はグローバル化した時代であるから、ローカルに選ばれた市議といえども、グローバルに考えて言動しなければならない。

この4年間に市民が市議会に提出した10件の「陳情」や「請願」のうち採択されたのはたったの1件。他の9件は発言する市議も少なく、議論は低調だった。

●「日本政府に核兵器禁止条約の参加・調印・批准を求める陳情」は賛成7、反対12で不採択。「核禁条約」をめぐる問題は中央政府が決める問題であって白井市議会が関わる問題ではないという反対意見が出た。

一方で、市議会は議員提出の「ロシアによるウクライナへの侵略を強く非難する」決議案を出席議員17名の賛成で決議している。国際外交も政府が決めることだが、政府がウクライナ支援するから、白井市議会もロシア非難声明を出し、政府の方針を後押しするということだ。

●「白井文化会館・大ホール天井の安全化改修に関する陳情」も賛成8、反対10で不採択。市は「文化センターのあり方検討委員会」を設けて意見を求めていた。

(六) 六月白井市議会報告　萎《しぼ》む市議会の市政監視機能

●これまで「市民の声」会派の共産党寄りの影山市議が紹介議員となって「請願」して再三不採択にされた「教育予算拡充等を求める請願」を今回、紹介議員が「面《おも》・しろい活性化計画」会派の広沢修司市議に替わって提出すると、全会一致で可決、採択された。それまで広沢市議はこの請願に反対していた。党利党略で政治判断した結果である。

●「文化センターのあり方検討委員会」廃止議案は、徳本と根本の両共産市議が反対したが、他の全市議が賛成して可決された。両市議が反対したのは、「検討委員会」が9回も開かれていたが、「検討委員会」が4施設の運営委員会や「市民ワークショップ」の意見を反映しないで、「文化センター」の全機能縮小を提案する意見書を、白井市教育委員会に提出したからである。共産党の徳本市議は六月二一日の「一般質問」で方針を決める前に市民の意見聴取するよう求めた。笠井市長は事前に意見を聴くと応《こた》えたが、具体的な日程は示さなかった。

一〇月二七日に開かれた「第2回文化会館運営委員会」を傍聴した。

白井市は市の「文化の殿堂」とも言うべき「文化センター」の規模が縮小され、機能が削減される危機に瀕している。笠井市長のスローガンは「白井市をもっと豊かに」だが、白井市を文化的にもっと豊かにしないのか。文化活動が萎《しぼ》んでしまう。

●「白井市議会基本条例の制定を求める陳情」は17人中11人の市議の反対に遭って不採択。反対市議は「議会基本条例を制定しなくても議員間の積極的な議論の中で合意形成されていく」と反対したが、「議員間で積極的な議論」が展開されることは稀である。

「議会基本条例」は自治体の憲法。議会と市政と市民が目指す基本方針を定める。現在、市議会の７割、町村議会の５割が「議会基本条例」を定めている。千葉県内では１６の市町村が「議会基本条例」を制定している。

●八月一五日発行の『しろい議会だより』は第２面で「来年度から森林環境税　一律１０００が徴収されます」と伝えた。

森林の整備と称して「森林環境税」なる税金が来年度から全国一律に地方税として１０００円が徴収されるが、森林面積が少ない白井市は、どこの森林を整備すると言うのか。

白井市では来年度から市民税と県民税がそれぞれ５００円減額になり新たな税負担にならないのを奇貨とし導入することにしたと、『しろい議会だより』が早々と報じた。政府の決定に盲従するのが地方自治ではない。

政府林野庁は森林面積の広狭によって不公平が生じるので、徴収した森林環境税の配分額を、森林面積に応じて見直すことにしている（八月一六日付『朝日』）。例えば、森林面積が５０７㌶の横浜市の配分額は４・０４億円になるらしい。

森林も含めて環境の破壊と汚染の元凶は政府と大企業。海外で「開発」と称して熱帯雨林を伐採するのも大企業だし、原発を再稼働させて「処理水」を海洋放出するのも政府と原発企業の仕業。なのに、一般の国民に環境整備と称して税金を科す。税金は１０００円でも少ないほうがいい。

『しろい議会だより』は、政府の森林環境税徴収を当初から既決事項として是認し、その徴収の仕方を市民に伝えるものだった。白井市議会は政府の政策に盲従する「翼賛議会」に堕したか。

私はこれを機に、『議会だより』の編集と記事内容について、市議から成る「議会だより編集会議」と「議会事務局」に文書で注文した。

・八月一五日付『議会だより』第4面の「議案等審議結果一覧表」では各市議の賛否表明は分かるが、各市議がどんな賛否の意見を述べたのかを伝えていない。賛否の意見を述べず黙って問答無用と賛否の表示をするだけの市議が多過ぎる。

・第2、3面の議案審議記事は両論併記だが、噛み合わない討論だったのに、全ての決議を諒としている。

・第5、6、7面の各議員が作成する「市政のここが知りたい」は、ピンボケな質疑応答と言い訳で、市政を補完する記事が多い。

自民党の古澤由紀子市議は格差を招く「新自由主義」を是としておいて市政の構造改革の見直しを求めた。市が「教育基本方針」の一つに掲げる「未来を生き抜く力」にも言及すると、宗政《むねまさ》教育部長は新しい道徳の授業と教員の研修の機会を増やすと答えた。市民が知りたいのは、学校をブラックにしている元凶だ。

・全紙面が（政府と）市執行部の政策方針の追認記事。市議会は翼賛化している。やはり白井市には「議会基本条例」が必要だ。

（七）九月白井市議会報告「一般質問」の本義

●「一般質問」は自治体議員が自治体の執行機関に対し行政一般について質問を行なうことで、「一般質問」は「国会質問」の言わば地方版。

議員は行政一般について執行機関の取り組みの不徹底を追及してより良い取組みを提案する。一方、執行機関には取り組みの進捗状況をPRする機会でもあるし、市議たちの提案に誠実に応える義務がある。「一般質問」の本来の目的は、市議会と執行機関が協力し合って市政を建設的に進めることにある。だから、馴れ合い質問や論点を躱《かわ》した回答は「一般質問」の本義から外れるものだ。

白井市議会の場合、「一般質問」する市議は、「質問要旨」を議長に提出する。すると、執行機関の担当部課長は質問当日の朝までに質問市議に「回答要旨」を届けるから、質問市議は「一般質問」の前に「回答要旨」を知ることができる。質問する市議以外の市議と傍聴者は「質問要旨」を事前に知ることはできるが、答弁内容については当日、質疑中に初めて知ることになる。

九月六日、七日、一一日と「一般質問」が行なわれた。相変わらず、馴れ合い質問が多く、市長や担当部課長らは論点を躱《かわ》して答弁する場面もあり概ね、確答を避けた。

●「面《おも》・しろい活性化計画」会派の広沢修司市議は六日、「新たな価値を創造するまちづくり」について一般質問し、白井市の教育環境と課題に言及した。しかし、その質疑内容はピンボケでタテマエをなぞっただけ。今、なぜ、学校がブラック化しているかの疑念は全く無く、言及もしなかった。

●同日、共産党の根本敦子市議が「学校給食の無償化」について市の姿勢を質《ただ》した。

宗政《むねまさ》教育部長の回答によれば、千葉県で給食を完全無償化にしているのは12町村だけ。白井市の場合、令和4年度の学校給食に2億8310万かかり、それは市予算の1・33%に相当するから、完全無償化するには約3億円が必要になると笠井市長も答えた。財源確保が第一の問題だと言う。しかし、白井市の「財政健全度」は上位4分の1に入るから、完全無償化は可能だろう。

令和4年度の給食費滞納者は64人で全体の0・34%。給食費滞納者に対する督促は「白井学校給食センター」の職員が家庭訪問して行なっている。

参政党の久保田江美市議も同日、「食育について」の質問に立ち、学校給食にオーガニック米取り入れなどを提案したが、学校給食を完全無償化すれば給食の質が劣化する惧れがあるとして選挙スローガンに掲げた完全無償化を主張しなかった。

福島産農林水産物の積極的な購入と消費を奨める政府の方針に従って、学校給食の食材にすることには言及しなかった。

学校給食の一律一斉主義は人権侵害になりかねない。何をどれだけ食べるかは、個々人の自由だからである。

令和4年度の「給食センター」の調査では、市内の小中学校に在籍する児童生徒のうち、358人が何らかの食物に対してアレルギーである。

「給食センター」はアレルギー除去食も提供しているが、あらゆる食物アレルギーに対応しきれない。アレルギーの子供たちは弁当持参になる。学校給食は「外注併用弁当方式」にならざるをえない。［学校給食については拙著『こんな人たち　自治体と住民運動』３４頁〜３９頁参照］。

令和五年度第1回「白井市学校給食センター運営委員会」（令和五年九月一三日）を傍聴した。委員は14名。栄養士の委員長、学校薬剤師の副委員長、３名の小中校校長、３名の養護あるいは栄養教諭らの12名は教育長と教育部が指名し、公募委員らしき者は2名にすぎない。白井市の委員会は大抵、公募しない。市民から疑問や意見を吸い上げることはしないお飾りの委員会である。

事務局から「令和4年度の事業実施状況」や「給食費の現状」についての報告があった。「残菜率」の詳細な報告もあったが、そもそも「残菜率」はどのように計算するのか。食べ残しがあるのは当たり前。

委員会は極めて低調。一時間程度の報告後、形ばかりの質問が2、3件。真面な質疑も熟議もなかった。委員らはそそくさと帰った。私は翌日、詳細な「意見書」を「学校給食センター運営委員会」事務局に提出した。

白井市の運営委員会や協議会や審査会などは大抵、形骸化し、「お飾り」の委員会である。市民公募は目立たぬように行なれ、お手盛りの委員会となっており、市政を監視する機能を、十全に発揮しているとは言えない。

「議会活性化特別委員会」の設置が決まった。六月の定例会で不採択になった「議会基本条例」の「陳情」の再検討も含めた「討議」が展開することを期待する。これまでのような討議の有様では、そもそも議会の活性化は望めない。

●七日の日本共産党の徳本光香市議の「一般質問」は「市民が求める市内公共交通の利便性向上につ

いて」と「白井市独自の平和の取り組みについて」だった。

前者に持ち時間1時間の3分の2を費やし、循環バスの現状を精査報告して改善を求めた。これに対し、担当部課長は改善の取り組みを示唆しながらも、確答を避けた。

市民が求め、「地域公共交通活性化協議会」が提案した「バスロケーションシステム」の導入を確約しなかった。

「平和への取り組み」の第6問の質疑は尻切れトンボに終わり、第7問の「土地利用規制法」と下総基地の関係とその住民生活への影響については質疑できなかった。

笠井市長は「平和首長会議」総会に千葉県内の首長でただ一人参加した。「安全保障3文書」については国の専管事項だとして、コメントを避けたが、「核禁条約の参加・調印・批准を求める陳情」には賛意を表明している。

市長も担当部長も、自衛隊の自衛官募集に際して18歳から22歳の住民の4情報（氏名・住所・生年月日・性別）を自衛隊に提供することはしていないと回答した。しかし、全体としては曖昧な回答をし、確答を避けていた。

（八）一〇月四日の「議員全員協議会」「討論」は「全員協議会」にあり

自治体議会の「議員全員協議会」についてはあまり知られていない。

「全員協議会」は、「自治法」第１００条第12項の「議会は、会議規則の定めるところにより、議案の審査又は議会の運営に関し協議又は調整を行うための場を設けることができる」に基づき、議長が自由裁量で招集し、議長が司会する臨時の会議である。本会議に先立って、提案が予想される懸案事項について、議員間の意見を調整し、議事を円滑に進めるために開かれる。

全員協議会で何を議論するかは自治体によって異なる。白井市議会の場合は、定例会前に懸案になっている案件を説明し意見を調整する場になっている。

全員協議会は文字どおり、議員全員による協議の場で、「討論一人一回」などの会議規定に縛られることなく何度も自由に忌憚《きたん》なく質疑し意見交換できる場である。だから各議員は議論しながら、改めるべきは改め、意見調整ができる。従って、全員協議会が実質的な討議の場になり、委員会や本会議を形骸化させる惧《おそ》れはある。

ところが、全員協議会は大抵、一般市民には非公開で、詳細な議事録は公開されず、傍聴もできない。

白井市議会の場合、白井市民は通常、提案要旨と結論だけが記載された議事録しか読めず、情報公開請求するか傍聴しなければ、議論の流れや各市議の発言の詳細を知ることができない。

一〇月四日の全員協議会で、「市民の声」と日本共産党と「つながろう、白井！」の三つの会派の５名の市議が詳細な議事録公開と録画配信を求めた。

提案したのは、有権者の議会活動への関心を高め、傍聴に来れない市民や障害者にも情報を提供し、各市議の考え方を分かり易く伝えるためである。

ところが、白井市議の大半は市民に議論の流れや自分の発言を知られたくないから、詳細な議事録や録画を残すまいと、理由にならないへ屁理屈を並べ立てた。傍聴していた私は、反対議員の理知と資質を疑った。

全員協議会でも本会議でも、「先に結論ありき」で、賛否どちらの意見を言わず押し黙り賛否だけを表明する議員が多い。

反対理由や対案を示さない守旧派の市議らに苛立《いらだ》っている日本共産党の徳本市議が抗議すると、「ニューウェーブしろい」会派の平田新子市議が食ってかかり、激しい応酬になった。非は市議としての見識と資質に欠ける市議らにある。

情報公開が原則なのだから、全員協議会の議事録開示や録画配信は当然である。しかし、議長を除く市議17名中12名が提案に反対した。全員協議会では失言も拙《つたな》い発言も出がちだから、市民から顰《ひん》蹙《しゅく》と失笑を買うのを怖れているのだ。しかし議員は公的な場での公的な発言には責任を持たなくてはならない。

四月の白井市議選で、6名の新人議員が誕生した。日本共産党市議と「つながろう、白井!」会派の市議を除く4名の新人議員は、「市議会に不慣れ」を理由に、「従来どおり」を是とし、提案に反対した。そんな彼らが一〇月一一日の本会議では、日本共産党会派が発議した「アルプス処理水の海洋放出中止を求める意見書」の討議では、何度も質疑したうえに反対意見をはっきり述べた。

本会議や委員会では賛否の意見を一回しか言えない「討論一人一回」の原則に縛られ、実質的な討論は行えない。「熟議」はむしろ全員協議会でこそできるのだ。しかし、「全員協議会」でも、発言する市議は７、８人にすぎない。

だから、「全員協議会」の詳細な議事録や録画の公開こそ重要であり、「全員協議会」の傍聴こそ必要なのである。

（九）少数派いじめの「質疑」と「討論」（一〇月一一日の本会議）

「アルプス処理水の海洋放出中止を求める意見書」

●「地方自治は民主主義の学校であり、その成功の最高の保証人である」（英国の政治学者Ｊ．ブライス）。しかし、地方自治の根本精神を弁《わきま》えぬ反理知的な議員や有権者があまりに多い。
一〇月四日の「全員協議会」と一一日の本会議での討議は白井市議会の低劣醜悪な人間模様を露呈した。

市議会は守旧派と改革派に分かれ、改革派と思《おぼ》しきは日本共産党市議と「市民の声」会派と「つながろう、白井！」会派の計５人、他の12人は市政与党化した守旧派と言える。討議は常に二派に分かれて対立する。

「請願」でも、少数の改革派市議ではなく多数派の守旧市議が紹介議員になると、採択される。守旧派は論によってではなく、数で押し切ってきた。

●自治体議会は「国会又は関係行政庁」に対して「(当該)自治体の公益に関する事項」に関する「意見書」を提出することができる（「自治法」第99条)。

当該「自治体の公益」と言っても、グローバル化した今、ロシア軍のウクライナ侵攻も「統一教会」の徹底追及もアルプス処理水海洋放出も、「自治体の公益」に関わる事項である。

長谷川則夫《のりお》市議は白井市の公益に関わる事項であるかどうかは関係省庁が判断するものであるから、白井市議会が決議しても意味をなさない」として、「意見書」提出に反対したが、筋違いで笑止千万《せんばん》。長谷川市議は白井市議会の元議長であるから、他の守旧派の古参市議らの「意見書」理解度は推して知るべし。

四月の白井市議選に22人が立候補した。この22人に「しろい九条の会」が公開質問状を送った。内容は「自民党の憲法改正案」「防衛費増額」などの5項目である。

しかし、回答を寄せたのは13人だけ。無回答候補者のうちの5名は、「特定の主義・主張をもつ団体の質問には回答を控えさせていただく」旨の返答を寄せた。「特定の主義・主張」を持たぬノーサイドの団体などない。この5名も「特定の主義・主張」を持った党派や会派に属しているではないか。

その5名とは秋谷《あきや》公臣《きみおみ》、伊藤仁《ひとし》、長谷川則夫、広沢修司《しゅうじ》、古澤由紀子の各候補。彼らは揃《そろ》って当選し、今回の「意見書」提出にも口を揃えて反対した。

守旧派の市議らは「お上」は正しいのだという低俗な社会通念にどっぷり浸《つ》かり、中央政府の政策を追認し翼賛する。地方議員は地方に立脚して、中央政府に異議申し立てしてこそ存在価値があるのだ。地方自治とは中央政府の言いなりになることではない。

「国に対し、国際法をまもり、福島第一原子力発電所によるアルプス処理水の海洋放出を中止し、関係者はじめ国際社会や国民多数の理解が得られる別の方法を検討し実施することを求めるため」という日本共産党の徳本光香市議の提案理由は正論。簡にして要を得、意味明瞭である。

「質疑」は議案の論拠を吟味して賛否の判断に資するためにするもの。ところが、反対市議らははじめから反対するへ屁理屈を探すために粗探《あら》しし、的外《まとはず》れな意地の悪い質問をしつこく繰り返し、発議者の日本共産党市議を追い詰めようとした。「何のためにそんな下らぬ質問をするんだ？」「そんなに安全安心なら、アルプス処理水を飲んで見せろ」と、私は傍聴席から逆質問したかった。

国際原子力機関（ＩＡＥＡ）が如何なる機関か、「国連海洋法条約」や「ロンドン条約議定書」の解釈、アルプス処理水は如何なる「処理水」か、などについての彼らの認識はそもそも事実誤認に基づくもの。ＩＡＥＡは原子力利用を促進する機関であり、日本政府が提供したデータを点検しただけで、精査していない。政府や東京電力は米国などが採っている「モルタル固化」や「広域遮水壁」「大型タンク貯留」などの海洋放出以外の選択肢を検討していない。海洋放出を採ったのは、経費が他の方法の十分の一で済むからである。政府と東電は安全安心を放棄して経費節約を優先させた。海洋放出は7年間どころか、原発が稼働している限り、続くことになるだろう。

「つながろう、白井！」会派の荒井靖行市議が賛成意見の中で指摘したように、アルプス処理水は発ガン物質を含み、水で薄めても絶対量は減らない。

アルプス処理水放出後に福島沖で採った海産物を食べて見せたところで、安全安心の証明にはならない。直ぐにガンに冒されるわけではないから。

発議賛成者で日本共産党の根本敦子市議が経済産業省に電話でアルプス処理水の海洋放出の安全性について電話で訊いた。すると、経産省の役人は、「国際法上、処理水を船で運んで海に放出するのは違法だが、パイプで1㎞沖に放出するのは合法です」と回答。アルプス処理水が安全かどうかを訊いているのに、放出の方法は合法です」と論点外し、子ども騙しの屁理屈をこねた。

「面《オモ》・しろい活性化計画」会派の広沢修司市議や久保田江美《えみ》市議らは、この子ども騙《だま》しの回答を度外視して、あくまでも海洋放出は安全だという主張を撤回しない。

アルプス処理水の海洋放出は明らかに有害であり、「非」であると認識するのが道理である。こんな道理は小学生にも分かる。

彼らは、ただただ反対するための屁《へ》理屈を見つけるために俄《にわ》か勉強をしたと思われる。広沢市議は、発議案自体が事実誤認に基づく「風評被害」だと難癖を付けたが、彼らの反対意見こそ事実誤認だらけの「風評加害」である。

提案者の提案説明の後《あと》、「質疑」に移るが、「質疑」は質問と回答で3往復可能だ。「質疑は、同一議員につき、同一議題について3回を超えることができない。ただし、特に議長の許可を得たときは、この限りでない」(「白井市議会会議規則」第56条)。賛否の意見は一人一回しか述べることができない(全国町村議会議長会編『議員必携』の「討論一人一回の原則」)。

長谷川市議はじめ4名の市議が反対意見を展開した。「活性化計画」会派で参政党の久保田市議は「質疑」を再三繰り返した挙句、「討論」の最後を、反対意見で締め括《くく》った。

他の海千山千の古参の守旧派市議の多くは冷ややかに傍観を決め込み、質疑にも討論にも参加せず、発議者の日本共産党市議が追及されるのを冷ややかに傍観していた。白井市議会の少数派いじめの醜悪な「構図」がくっきり浮き彫りになった。

自民党の古澤由紀子市議は「討論」の最後になって決まって反対意見を言っては「討論」を締め括《くく》る。隣席の公明党の石井恵子市議は決まって「発議者は○○を知っているのか質問」をしては「発議潰《つぶ》し」を仕掛ける。二人とも今回は、質疑もせず最後に反対意見も言わず、日本共産党市議が追及される様《さま》を、ニヤニヤして眺めていた。今回は新顔の久保田市議が替わって反対意見で締め括る役目を担う形となった。

今回、賛成意見を言えるはずなのは荒井市議、共産党の根本敦子市議、「市民の声」会派の柴田圭子市議と小田川敦子市議の4名だけ。根本市議と荒井市議と柴田市議が賛成意見を展開した。が、4番手の小田川市議は、質疑は再三したものの、議論のあまりの低劣さに混乱し頭を抱《かか》え、最後に賛成意見で「討論」を締め括ることができなかったらしい。最後の意見が討論の総括になり正論であるかのような印象を、傍聴者や視聴者に与えるものだ。

質疑し討論するうちに、はじめ反対意見だった者が賛成者になることもあれば、その逆もありうる。だから、小田川市議は反対意見に転じたのでは、と疑ったが、賛成ボタンを押した。「質疑」と「討論」に参加した市議は17人中、9人。残りは審議に参加せず、終始、傍観あるいは居眠りして賛否のボタンを押しただけ。

結果は予想どおりの顔ぶれで賛成者5、反対者12。賛否者の顔ぶれはいつも固定している。何のために討議したのか。

●処理水の海洋放出は「これしかない」「仕方がない」「止むを得ない」と思い込んでいる市民が少なくない。政府によるマインド・コントロールの成果と言える。

アルプス処理水がそれほど「安全」ならば、海洋放出するより、生活用水として利用したほうが手っ取り早い。

政府や東電関係者は海洋放出後に福島沖で採れた海産物を試食して見せた。直ぐにガンになる怖れはないからだ。しかし、それでもアルプス処理水を飲んでは見せなかった。「安全」とは言っても「安心」できないからだ。

アルプス処理水が本当に「安全安心」ならば、12名の白井市議連は処理水の受け入れ宣言を出し、処理水を白井市内の水田、川や貯水池に放出してはどうか。次期市議選で落選するのは確実だ。

岸田首相は一〇月二三日の臨時国会の所信表明演説の冒頭で、「百年後に振り返って、評価されるような国会論戦にしようと呼びかけた。しかし、この国会とこの白井市議会は、百年後にも批判されるだろう。

私は党利党略に無縁で、右でも左でもない。ただ「是は是、非は非」と考える。「非を是とするは愚」（荀子）であり、「悪」である。

海洋放出に反対決議した自治体議会は福島県市町村議会や宮城県議会はじめ、40を超えた。しかし、12名の白井市議は海洋放出を「是」とし、「非を是」とした。

漁民たちは「海洋放出には反対だが、政府からの補償に期待するしかなくなった」と語る。「地方からの抵抗」が国策に取り込まれ吸収され、消滅してしまう（宮本常一『〈抵抗〉の民俗学　地方からの叛逆』二〇二三年）。また消費者のほうも、福島産の海産物を積極的に食べて、漁業者を支援するという形で、国策に取り込まれてしまう。

原発の再稼働や新設の是非という問題からも、国民の目を逸らそうとする政府のマインド・コントロールに騙されてはならない。

（二〇二三年一一月）

あとがき

●「自著を語る」(『週刊金曜日2023年8月25日号』)

この1年のうちに『こんな人たち』『ノモンハン戦記を読み解く』『政治言語の研究　日本人の思考様式と言語生活』『反理知時代のマインド・コントロール』を刊行した。

私には出版人や編集者は「権力者」のように思えてならない。私のような無位無官で無名のライターが原稿を持ち込んでも、特に大手の出版社は相手にしてくれない。

私は幸い、「社会評論社」の寛大な理解を得て、やっと刊行できた。執筆は、言語、歴史、政治、憲法、教育と多岐にわたっているが、一貫しているのは日本社会に蔓延《まんえん》する反理知的で保守頑迷《がんめい》な思考様式と不条理な通念や俗説に対する異議申し立て、とでも言ったらいいだろうか。

拙著『こんな人たち』でいう「こんな人たち」とは政官人の「お上」と、それに対峙《たいじ》する勢力を指しているが、私は左にも幻滅している。

『こんな人たち』の第1部は、私の暮らす千葉県白井市の市議会と市民運動のルポである。討論はキャッチボールなのに市議会は、賛否の意見を1人1回しか言わせない「討論1人1回の原則」に従い、熟議の体《てい》を成していない。市民運動体も、市議会や市当局と馴れ合い、運動は低調。「コロナ看板」設置阻止運動も頓挫《とんざ》した。

問題を曖昧《あいまい》にするのは日常的だが、「統一教会（現・世界平和統一家庭連合）」と議員との「濃厚接触」は自浄作用をうた謳った「政治倫理綱領」に抵触する問題だ。議員からなる「政治倫理審査会」は機能せず、責任を有耶無耶《うやむや》にし、有責議員は「救済」された。

ポルトガル人宣教師のルイス・フロイスは「日本では、曖昧な言葉が一番優れた言葉で、最も重んじられている」と書き遺《のこ》している。日本語は小狡《こずる》く使える言語で、曖昧な言葉を駆使できる者ほど優れた日本語の使い手。この意味で、政官人は日本語の達人だ。

彼ら・彼女らは日本語を歪《ゆが》めた特有の政官語を操り、論点を外《はず》し暈《ぼか》す。井上ひさし氏の言う「朧化《ろうか》語」である。「朧化」は特に文末で働くので、文末に要注意だ。

G.オーウェルは「言葉の堕落は政治の堕落」と言い、言葉を変えれば、政治も変わると言った。専門家会議やら審査会やらの公的な監視機関が「お墨付き」を与える。「お上」に弱い日本人の思考様式が日本文化の底流にある。戦時中は知識人までが侵略戦争を「聖戦」と美化して政治言語のロジックとレトリックを駆使し、若者を戦場に送り「散華《さんげ》」させた。

政官人は事実の隠蔽《いんぺい》と改竄《かいざん》も得意。公刊された官修戦史は改竄戦史だ。ノモンハン戦史は、敗戦処理や敗戦人事までが欺瞞《ぎまん》だらけ。敗戦責任は有耶無耶にされ、作戦指導を誤った軍官僚は「救済」された。

教科書も教員も国定化されている。いったん教職に就いたら転業転職は無理で、足が洗えない。「お上」の期待する教員になるか、面従腹背でしか生き残れない。

私は教員時代、「君が代」斉唱時に起立せず斉唱しなかったために不利益を被《こうむ》った。処分されない保護者までが「君が代」を起立斉唱する。国歌を斉唱しない者は「非国民」という「社会通念」が固定している。卒業式でマスクをするかしないかが「個人の判断」なら、「君が代」斉唱も個人の判断だろう。「君が代暗記調査」など以《もっ》ての外《ほか》。憲法が保障する「内心の自由」を認めていないからだ。

そして今回、『政治言語の研究』の続編として『反理知時代のマインド・コントロール』を刊行する。

●「山びこ学校」の無着成恭追悼

石坂洋二郎の『青い山脈』と無着成恭の『山びこ学校』は私に民主主義の息吹を吹き込んでくれた。山元中学校も明星学園も追われた無着氏は晩年、千葉県多古町の福泉寺住職を務めていたが、二〇二三年七月、多古町の病院で亡くなった。

無着氏編集の『山びこ学校』を再読すると、この綴り方文集が今の日本の学校教育や社会問題を考えさせる教科書であることが解る。

「国家そのものとなったいまの学校教育のなかでは、本当の教育を甦らせることはもうできません。本当の教育を求めるとしたら、もう、国家をこえた宗教のなかに求めるしかないんです」。合掌。

（二〇二三年一二月）

［筆者紹介］
佐々木健悦（ささき・けんえつ）

言語ジャーナリスト

1947年、宮城県志田郡三本木町（現・大崎市三本木）に生まれる。東京外国語大学モンゴル語学科を卒業、同大ロシア語学科に学士入学在籍、その後、千葉県下の高校で英語教員。2008年3月退職。同年四月からモンゴル国の大学で、約一年間、日本語教師を務めた。その後、ウランバートル市の『モンソダル』社でモンゴル語日本語辞典の編纂に携わった。2010年7月からモンゴル国営モンツァメ通信社に勤務し、日本語週刊紙『モンゴル通信』の編集翻訳と日本語監修に従事、2012年8月退職。「社会評論社」より13年4月に『検証◎民主化モンゴルの現実』、同年11月に『徳王の見果てぬ夢ー南北モンゴル統一独立運動』、15年4月に『脱南者が語るモンゴルの戦中戦後1930〜1950年』、同年11月に『現代モンゴル読本』、2016年11月に『コトバニキヲツケロ！現代日本語読本』、17年10月に『現代モンゴル読本増補改訂版』、2022年9月に『こんな人たち』、22年12月に『ノモンハン戦記を読み解く』、23年4月に『政治言語の研究ー日本人の思考様式と言語生活』を刊行。「消される記憶遺産ーモンゴル抑留吉村隊『暁に祈る』事件」で第７回石橋湛山平和賞を受賞。専門はモンゴル近現代史と社会言語学。

反理知時代のマインド・コントロール

2023年12月25日　初版第１刷発行

著　者：佐々木健悦
発行人：松田健二
発行所：株式会社 社会評論社
東京都文京区本郷2-3-10
電話：03-3814-3861 Fax：03-3818-2808
http://www.shahyo.com
装幀・組版：吉永昌生
印刷・製本：株式会社ミツワ